イラストで読む

ヨーロッパの王家の物語と絵画

杉全美帆子

河出書房新社

contents

第3章 ブルボン朝……83

はじめに

ヨーロッパの美術館に行くと必ずと言っていいほど王家の人々の肖像画に出会います。そのたびに、「あれー、誰だっけ？　そのつど調べても全然覚えられない。いつか筋道立ててしっかりわかりたい！」と思う方も多いのではないでしょうか？

この本はそんな方の少しでもお役に立てるよう、十五〜十八世紀のヨーロッパに君臨したハプスブルク、テューダー、ブルボンの三つの王家の人々を時代背景、美術と共にご紹介します。この三家は、時には頭をかきむしりたくなるほど、ややこしく複雑に絡み合っています。しかし、この複雑さをそれぞれの方向から見ることにより、ヨーロッパがたどった歴史の大きな流れをつかむことができるのではないか、と考えました。

また、この時期は美術史で言うところのルネサンスから印象派までの約四百年間に当たります。この期間の表舞台を生きた人々を知るうちに、絵画鑑賞に役立つ新たな視点を得られた、そんな感触を持っていただけたら幸いです。

ヨーロッパの王家とは

王家とは国を治める君主を代々輩出する家のことです。ドイツ、イタリア、フランスの起源はフランク王国にあり、フランク王国が三つに分裂してそれぞれ発展しました。

ドイツは十三世紀にハプスブルク家が神聖ローマ皇帝位を継承、次第に世襲となりました。イタリアは主に都市国家を形成。フランスは王朝を変えながら王位を継承していきました。

一方、イングランドは、アングロ＝サクソン人による七王国を起源とし、その後ノルマン朝で王権を強化。王朝を変えながら今日まで継続しています。

君主たちにとっては、血統を絶やさないことがなにより大事で、王族の結婚は最も有力な外交手段であり、国の行く末を決める重要な政治問題でした。ゆえに各国とも戦争を繰り返しながらも、婚姻政策も繰り返し、濃い親戚関係になっていきました。

ブルボン朝は革命によって倒され、ハプスブルク家の治政は第一次世界大戦によって終わりを迎えました。スペインとイギリスは今日も王国が続いています。

国王とは1つの国の世襲の統治者

王国とは王を君主とする国

皇帝とは複数の国や民族の支配者

帝国とは皇帝が支配している国

王朝＝ 同じ王家に属する君主の系列。また、その王家が支配している時期

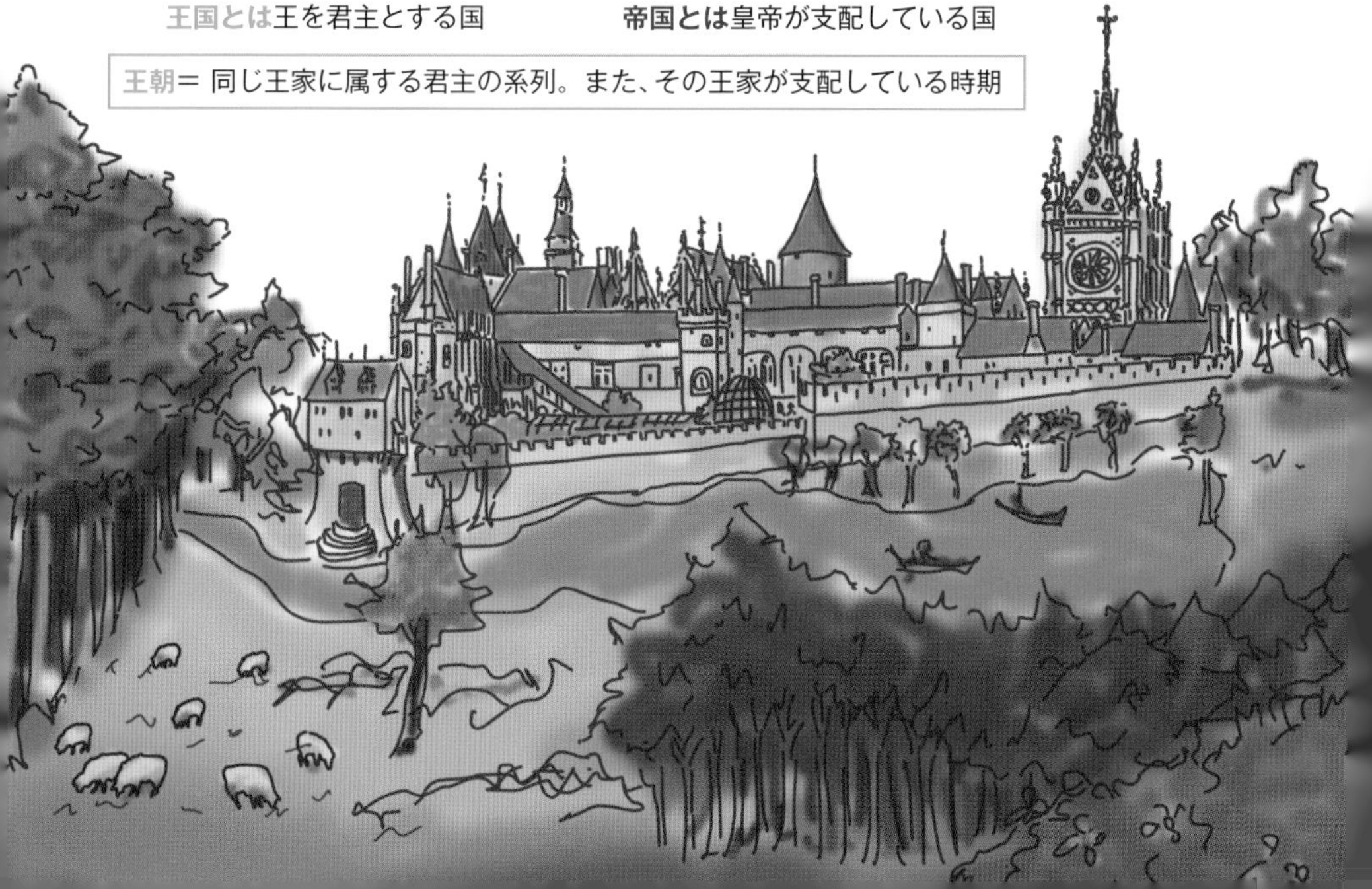

ヨーロッパの歴史

前4　1　100　200　300　400　500

- イエス誕生
- 96　180　ローマ帝国繁栄　五賢帝時代
- 392　キリスト教　国教化
- 395　ローマ帝国　東西に分裂（東ローマ帝国→ビザンツ帝国）
- 476　西ローマ帝国滅亡（イタリア、フランス、ドイツ、スペイン、イギリス地域）
- 481　**フランク王国**成立　メロヴィング朝
- 527　ビザンツ帝国　ユスティニアヌス帝即位

西ヨーロッパの歴史をざーっと見ておこう!

ローマ帝国が分裂した395年頃
この本の舞台になる
西ローマ帝国
東ローマ帝国

1000　900　800　700　600

751 **フランク王国** **ピピン**がカロリング朝を創始

「イスラム教徒からヨーロッパを守った」と名高いメロヴィング朝の宮宰**カール・マルテル**の子。
ピピンは756年にローマ教皇に領土を寄進し、ローマ＝カトリック教会との関係を強めた。この「ピピンの寄進」によって**ローマ教皇領が成立**

800 **フランク王国** **カールの戴冠**

ピピンの子、フランク王国最盛期の**カール大帝**がローマ教皇からローマ皇帝の帝冠を与えられ、この時、古代**西ローマ帝国の皇帝の称号が復活**した

皇帝じゃ
"カール大帝"(独)
仏語ではシャルルマーニュ

843 ヴェルダン条約により **フランク王国は西フランク、東フランク、中部フランクに分かれる**

870 メルセン条約により 中部フランク再分割

875 伊・カロリング朝断絶 以後諸侯・都市の分裂

911 独・カロリング朝断絶

962 独・**オットー一世戴冠** **神聖ローマ帝国**成立

「カールの戴冠」の再現。皇帝位はサン・ピエトロ大聖堂で教皇から授けられた

987 仏・カロリング朝断絶 **カペー朝**成立

ローマ教皇からローマ皇帝の冠を授けられる
＝
ローマ帝国の後継者であると同時に西ヨーロッパのキリスト教世界の守護者
（武力で守る）

〈カール大帝時代〉

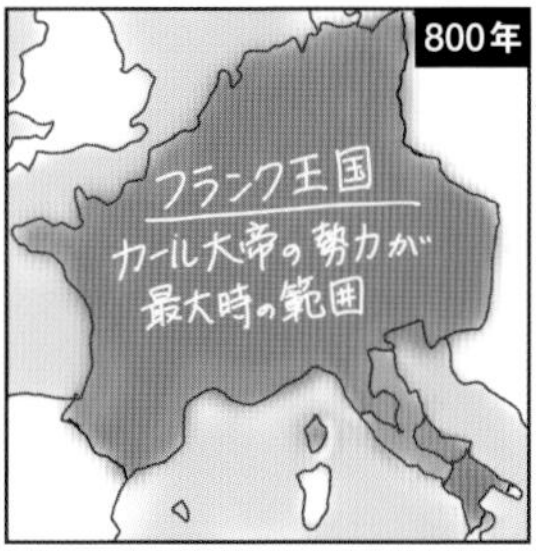
800年
フランク王国
カール大帝の勢力が最大時の範囲

〈ヴェルダン条約による分裂〉

843年
東フランク王国
中部フランク
西フランク王国
教皇領

ドイツ、フランス、イタリアの原型ができた

〈メルセン条約による分裂〉

870年
東フランク王国
西フランク王国
イタリア王国
教皇領

各国史　九〜十九世紀

……この本で取り上げる時代

イングランド

〈ノルマン朝〉

1066 ウィリアム一世即位、ノルマン朝を開く。広大な領地（仏のノルマンディーを含む）、強大な王権、臣下との強力な封建的結びつきが特徴

1154 〈プランタジネット朝〉

封建時代

1215 敗戦続きで王権が弱まり、課税には議会の承認が必要とする大憲章（マグナ・カルタ）をジョン王が承認→イギリス立憲政治の基礎となる

1337 エドワード三世、フランス王位継承を主張

1339 百年戦争勃発

ドイツ（オーストリア）

1220 神聖ローマ皇帝フリードリヒ二世、即位

皇帝不在の大空位時代

1273 **ルドルフ一世**、ドイツ王に即位（神聖ローマ皇帝）

〈（断続的に）ハプスブルク家〉

スペイン

1035 アラゴン王国独立
カスティーリャ王国成立

イスラム勢力の支配が続く中、キリスト教徒による国土回復運動（レコンキスタ）がずっと継続して行われていた

フランス

〈カペー朝〉

987 パリ伯ユーグ＝カペー即位、カペー朝を開く。しかし各地の諸侯に押され、王権は強くなかった

1328 〈ヴァロア朝〉

1339 イングランドとの百年戦争勃発

ヨーロッパ史

1077 カノッサの屈辱

1096 第一回十字軍
エルサレム王国建設

1309 ローマ教皇のアヴィニョン捕囚（一三七七まで）

1348 ペスト（黒死病）大流行

1378 教会大分裂

〈ランカスター朝〉1470-71

〈ランカスター朝〉　〈ヨーク朝〉　〈テューダー朝〉

1399

1453 百年戦争終結

1455 プランタジネット家傍系のランカスター家とヨーク家の王位継承争い「バラ戦争」が起こる

1461 バラ戦争中にヨーク朝を開くも、この内乱で騎士・貴族が疲弊

1485 **絶対王政時代**

「バラ戦争」に勝利したヘンリー七世が強大な王権を持つテューダー朝を開く。中央集権国家の基礎が固まる

しかし、ドイツ王位（神聖ローマ皇帝位）はすぐにはハプスブルク家の世襲とはならず、約150年間は他家からも王が選出された

ハプスブルク家の婚姻政策開始

1477 **マクシミリアン一世**、自らの結婚でブルゴーニュ公国を獲得

1493 **マクシミリアン一世**、神聖ローマ皇帝に即位

1494～1559 イタリア戦争（イタリア支配をめぐる仏独の戦い）

1496 **マクシミリアン一世**、子や孫の婚姻政策で、スペイン、ボヘミア・ハンガリーの王位継承に成功

1469 カスティーリャの王女イサベルとアラゴンの王子フェルナンドが結婚

1479 アラゴン・カスティーリャ両王国が統合してスペイン王国成立

1492 レコンキスタ完了

1431 ジャンヌ・ダルク火刑

1453 百年戦争終結

北方・ルネサンス

イタリア・ルネサンス

1434 メディチ家、フィレンツェ支配

1453 ビザンツ帝国滅亡

1492 コロンブス、サンサルバドル島到達

1498 ヴァスコ・ダ・ガマ、カリカットに到達

イングランド

〈テューダー朝〉

1508 **ヘンリー八世**即位

絶対王政全盛期

1534 **ヘンリー八世**、自らの離婚問題を契機に宗教改革を断行、英国国教会を創始

1547 **エドワード六世**即位

1553 **メアリ一世**即位

1558 **エリザベス一世**即位
国教会体制を完成させ国内の安定をはかる。対外的にはスペインに打撃を与えた

ドイツ（オーストリア）

〈ハプスブルク家〉

1517 **宗教改革始まる**

1519 **カルロス一世**、**神聖ローマ皇帝カール五世**即位

日没なき世界帝国

ヨーロッパ、アジアにまで領土を有する世界帝国

1556 カール五世退位。広大なハプスブルクの領地を二つに分け、オーストリアを弟フェルディナントに（皇帝位も）、それ以外の領地（スペインなど）を息子フェリペに継承させた。

1556 フェルディナント一世、神聖ローマ皇帝に即位

ルドルフ二世、神聖ローマ皇帝に即位

スペイン

〈ハプスブルク家〉

1516 **スペイン王カルロス一世**即位

1519 マゼラン世界周航へ出発

1533 ピサロ、ペルー征服

1554 **フェリペ二世**、イングランドの**メアリ一世**と結婚

1556 **フェリペ二世**、スペイン王に即位

1571 レパントの海戦でオスマン帝国に勝利

1580 ポルトガル併合

1588 アルマダの海戦で**エリザベス一世**に敗れる

フランス

〈ヴァロア朝〉

1515 フランソワ一世即位。ライバルのカール五世と争い続ける

1547 アンリ二世即位

1559 フランソワ二世即位

1560 シャルル九世即位

1562 ユグノー戦争勃発

1572 サンバルテルミーの大虐殺

1574 アンリ三世即位

ヨーロッパ史

1527 ローマ劫掠

1549 ザビエル、鹿児島に来航

1568 オランダ独立戦争

1581 ネーデルラント北部七州が独立宣言

〈ステュアート朝〉 〈ハノーヴァー朝〉

1600 東インド会社を設立。後の海洋大国発展の基礎を築いた

1603 **エリザベス一世**死去に伴いテューダー朝断絶

テューダー家の血を引くスコットランド王ジェームズ六世がイングランド王ジェームズ一世として即位

1642 ピューリタン革命

1688 名誉革命

1714 ジョージ一世即位

〈ハプスブルク＝ロートリンゲン家〉

1618 三十年戦争勃発（英・独・仏など）。最大にして最後の宗教戦争（一六四八まで）

1740 **マリア・テレジア**、オーストリア公女に即位

1745 皇帝フランツ一世即位

1918まで

絵画黄金時代 〈ブルボン家〉 3度の中断をはさみ今日まで

1598 フェリペ三世即位

1621 **フェリペ四世**即位。宮廷画家ベラスケスの活躍

1665 **カルロス二世**即位

1700 スペイン・ハプスブルク家断絶。ルイ十四世の孫がフェリペ五世として即位

1714 スペイン継承戦争終決

1788 カルロス四世即位。宮廷画家ゴヤの活躍

〈ブルボン朝〉 ロココ 〈第一共和政〉 〈第一帝政〉

1589 アンリ三世暗殺 **アンリ四世**即位

1598 **アンリ四世**、ナントの王令発布

1610 **ルイ十三世**即位。宰相リシュリューの活躍

1643 **ルイ十四世**即位。宰相マザランの活躍。ヴェルサイユ宮造営

絶対王政全盛期

1715 **ルイ十五世**即位。イギリスとの植民地戦争で財政圧迫

1774 **ルイ十六世**即位。マリー＝アントワネットと結婚

1789 フランス革命勃発

1792 王政廃止。翌年**ルイ十六世**、処刑される

1804 皇帝ナポレオン即位。帝政を開始

1814 ナポレオン退位 ルイ十八世即位

1609 オランダ、スペインから独立

1640 ポルトガル、スペインから独立

1648 三十年戦争終結。ウェストファリア講和条約締結。オランダとスイスの独立が正式に承認

1762 ロシア、エカチェリーナ二世即位

1775 アメリカ独立戦争

封建社会から絶対王政への流れ

ウヴー
キャー来たー
キャー
早く城へ!!

1 八～十世紀のヨーロッパは、常に外部侵入者の脅威に晒されていた。

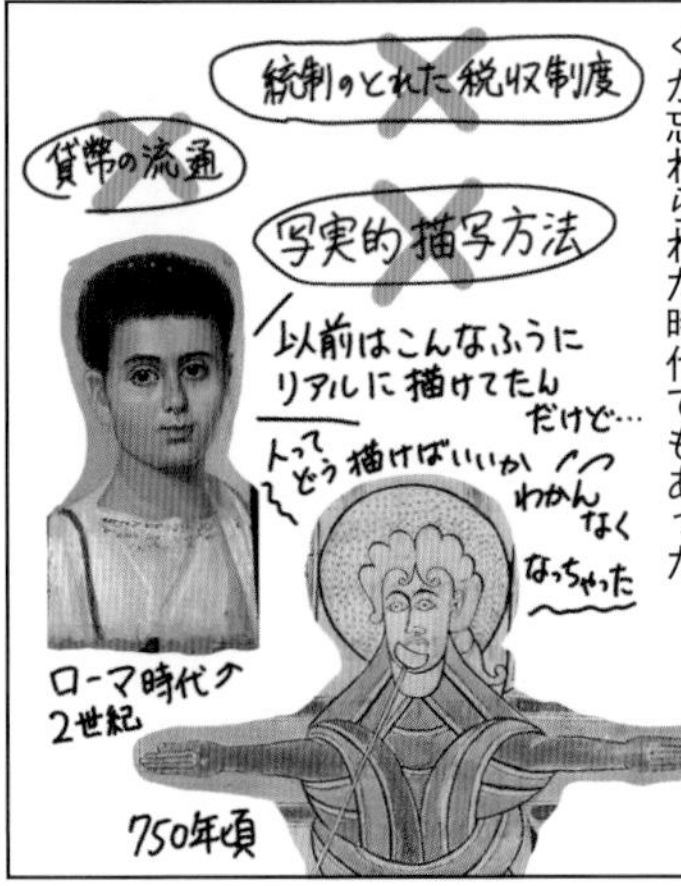
統制のとれた税収制度
貨幣の流通
写実的描写方法
以前はこんなふうにリアルに描けてたんだけど…
どう描けばいいか わかんなく なっちゃった
ローマ時代の2世紀
750年頃

2 古代ローマ帝国で培われた技術や文化の多くが忘れられた時代でもあった。

国王
私に忠誠を誓うなら臣下として土地を与えよう。そのかわり、有事には武器を持って駆けつけてね
封建制
封土 保護
軍役 忠誠
諸侯
土地貸与
荘園制
軍役 忠誠
騎士
封土 保護
貢納 賦役
身近な強い人に頼るしかない
土地貸与
貢納 賦役
農奴
農奴

3 封建社会は外敵から身を守るために生まれた制度だった。

農民（農奴）は領主に税を納める義務を負い、結婚、移動、職業の自由はなかった。

西ローマ帝国滅亡を引き起こしたゲルマン民族大移動の後、フランク王国が成立してからも、ノルマン人やスラブ人、イスラム勢力の侵入による混乱が続きました。都市機能は衰え、貨幣の信用性も下がったため、経済活動は物々交換や土地貸与などの原始的な方法で行われるようになりました。人々は外部侵入者から生命や財産を守るため、身近な強者に頼らねばなりませんでした。このような状況から生まれたのが封建社会です。十～十一世紀に成立し、西ヨーロッパ世界の基本的骨組みとなりました。

皇帝、国王、諸侯（大貴族）、騎士（小貴族）や聖職者などの有力者たちは、たがいに主従関係を結び、主君は家臣に封土（領地）を与える代わりに、家臣は戦争が起きた時に戦士として働くという封建的主従関係を結びました。有力者たちは、それぞれ領地を所有し、農民を支配して、労働させたり、生産物を納めさせたりしました。これを荘園制度と呼びます。

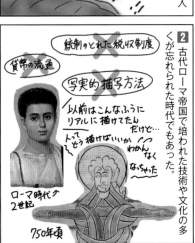

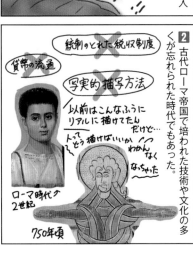

4 教皇が提唱し、聖地エルサレムをイスラム教徒から奪還する目的の十字軍遠征は、結果的に西ヨーロッパ全体に大きな変化をもたらした。

1096年から約150年にわたり、全7回行われた十字軍は、1回目を除いて目的を果たせず、失敗に終わった。

教皇の権威が失墜！
全く成果なし!?
アレ!?
諸侯たちが没落
全財産賭けてこんな所まで来て闘ったのに報酬ゼロ!?
王権が強化
目の上のたんこぶたちがコケてくれた上に全部いただき〜
フランス王

1307年、十字軍関連で急成長し一大金融機関となっていたテンプル騎士団をフィリップ4世は迫害。莫大な資産を没収した。

5 十字軍により、東方との交流が深まり、東西の交易が盛んになった。国際色豊かな大きな定期市も開かれるようになった。

シャンパーニュの大市12～13世紀

王様登場
人々の暮らしが変化し、強い権力で国をコントロールする必要性が増したので「王様」が必要になったんじゃ

6 農民の中には市場で生産物を売り、地代を納めた残りを貨幣で蓄財し、自由な身分を買う者も現れた。都市には手工業者ごとのギルド（同業者組合）ができ、市場を独占した。

手工業者はギルドに所属して働いたよ
オレはこつこつ貯めて自由な身分に手に入れたよ
自由
金

十一～十三世紀、人々の暮らしは比較的安定しました。貨幣経済も徐々に復活し、都市や商業が発展しました。

十四世紀になると、度重なる十字軍遠征による出費や負担から、小貴族や騎士が疲弊し力を失っていきました。さらに黒死病（ペスト）の大流行で人口の三分の一が失われ、農民の人口が激減。社会や経済に大きな混乱が生じました。

一方、十四世紀頃は貨幣経済が浸透し、領主は農民に土地を貸して地代を納めさせるようになりました。貿易が活発化し、大きな市場が開かれるなど商業圏が拡大すると、都市部の人々は、市場を統一する中央集権的な政治権力を求めました。

さらに戦争の大規模化、常備軍化、また徴税機構の整備など、国内の統一的支配を強める必要性が増し、主権国家（国を代表する主権者＝君主が国を治める）を築くようになりました。それは強い王権を持つ絶対王政への道へと続きます。

王家と宗教改革

1517〜

【ローマ＝カトリック教会とは】
ローマ教皇を神の代理人とするキリスト教の主流となった教会組織

宗教改革とは

ローマ＝カトリック教会に対して行った
ドイツの神学者ルターの告発が発端

贖宥状を買ったら
誰でも救われる!?
そんなはずありません

魂の救いは寄進や
献金などの善行ではなく
信仰によるのです

教皇は神の代理人でも
何でもありません。
なので
破門もちっとも
怖くありません

なにィ〜〜〜!!
破門だ
破門…!!!
(教皇)

〈プロテスタントの2派〉

ルター派

とにかく
信じるべきは
「聖書」のみ!

(1483〜1546)

だから
偶像崇拝も
ダメさ!!

ルターに
影響を受けた

カルヴァン派

ルターの
考え
＋
「予定説」
…
魂が救われるか否かは
あらかじめ神によって定められて
いるという考え方

(1509〜64)

キリスト教（ローマ＝カトリック教会）は中世の人々にとって絶対的存在だった

魂の救済が
できるのは
教会のみ
贖宥状《しょくゆうじょう》
買えば天国!
買わねば
地獄!
ハ〜
ありがたや〜
罪が許される
お札のような
もの
おっしゃるとおりに
買います
買います

[呼び方いろいろ]

プロテスタント	カトリック
プロテスタティオ（抗議書）が語源	カトリコス（普遍的・世界的）が語源
新教（徒）	旧教（徒）

- ルター派
- カルヴァン派

- ユグノー（フランス）
- ピューリタン＝清教徒（イギリス）

↑国によって呼び方が異なる

中世の西ヨーロッパにおいて、キリスト教は人々の暮らしと切っても切り離せない存在でした。

生まれて間もなく洗礼を受け、キリスト教徒になる（教義では洗礼を受けずに死ぬと天国へ行けない）。結婚も司祭によって執り行われ、臨終の際も終油の秘蹟を受けなければ天国へは行けない。教会から破門されたら、社会では生きていけない。生涯を通じて人々を支配していたキリスト教（ローマ＝カトリック教会）の長であるローマ教皇の権力は絶大でした。

しかしその権威にも、十字軍の失敗や教会の内部対立や腐敗によりかげりが見え始めます。十六世紀に入るとドイツの神学者ルターの告発から、宗教改革が始まりました。

ルターは教皇が売り出した、現世の罪が全て許されるという「贖宥状《しょくゆうじょう》」に疑義を呈しました。時の教皇はフィレンツェの豪商メディチ家出身のレオ十世。金を湯水のように使う放蕩家で贖宥状の販売を資金源にしていました。

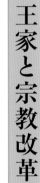

十六～十七世紀の西ヨーロッパは宗教戦争の時代だった

スペイン
ガッチガチのカトリック信者→
カトリック代表
異端(新教徒)など根こそぎ
火あぶりにしてやるわ!
世界中にカトリックを広めるために宣教師を各地に送りこんだ
フェリペ2世

イングランド
独自
英国国教会
教皇 ボスは国王!!
ヘンリー八世
折衷型
教皇がどうしてもオレ様の離婚を認めないからカトリック教会から離脱してやったぜ

当初はほぼカトリック温存だったが、国王至上法を宣言。修道院を廃止（財産没収）

フランス
自ら改宗して(新→旧)
なんとか丸くおさめたよ
新教徒のリーダーだったんだけど宗教内乱がすごすぎてどうにも収拾がつかないからさぁ
アンリ4世→
ゆるめのカトリック国

フランスのカルヴァン派はユグノーと呼ばれ、アンリ４世はユグノーにも信教の自由（制限あり）を与えた

神聖ローマ帝国
カトリックの保護者である皇帝の国からルターなんかが出ちゃってえらい騒ぎに…
すったもんだの末ドイツの諸侯は新or旧教を
↳ルター派のみ
選べることを認めたよ
※アウクスブルクの和議
カール5世
折衷型

ルターはそれを批判し、教皇の権威を否定します。レオ十世はルターを破門にしましたが、ルターは自説を撤回しませんでした。

さらにルターの影響を受けたフランスのカルヴァンが「予定説」を説くと、彼らの考え方は教皇庁の搾取に苦しんでいた諸侯や市民、農民にも支持され、各地に急速に広がっていきました。このようなルター、カルヴァンを支持する人々はプロテスタント＝新教徒と呼ばれます。

ルター派はドイツや北欧諸国に、カルヴァン派はフランスやネーデルラント、スコットランド、イングランドなどに広まり、無視できない大きな勢力となっていきました。

中世社会の支配構造をゆるがすプロテスタントの主張に対し、弾圧が加えられ宗教戦争が起きました。各国で異端者として迫害が加えられましたが、スペインにおける新教徒への弾圧は特に厳しいものでした。

主にこの本の
舞台となる地じゃ

地図・16世紀半ばのヨーロッパ

ノルウェー王国
スコットランド王国
スウェーデン王国
デンマーク王国
イングランド王国
テューダー朝
ポーランド
王国
スペイン王国の領土
神聖ローマ帝国
オーストリア・
ハプスブルク家
フランス王国
ブルボン朝
(1589〜)
スイス
ヴェネツィア共和国
ポルトガル王国
スペイン王国
スペイン・
ハプスブルク家
ジェノヴァ共和国
教皇領
ナポリ王国
シチリア王国
※神聖ローマ帝国の領地＝ハプスブルク家の領地、ではない

第1章

ハプスブルク家

最盛期の王
私フェリペ二世や
主にスペイン
ハプスブルク家のお話
ベラスケスの
絵で有名な
ひ孫のマルガリータ王女
などが登場するよ

ハプスブルク家の（主にスペイン）8人の君主

ルドルフ1世
（♛ 1273-91）

マクシミリアン1世
♛ 1493-1519
約200年の隔たり

フィリップ美公
1478-1506

スペイン系

カール5世
♛ 1519-56
カルロス1世
♛ 1516-56

フェリペ2世
♛ 1556-98

フェリペ3世
♛ 1598-1621

フェリペ4世
♛ 1621-65

カルロス2世
♛ 1665-1700

オーストリア系

フェルディナント1世
♛ 1556-64

マクシミリアン2世
♛ 1564-76

ルドルフ2世
♛ 1576-1612

マリア・テレジア
1740-80

カール1世
♛ 1916-18

領土を一気に拡大した
中世最後の騎士

マクシミリアン1世

成功の秘訣？そりゃ君、婚姻政策だよ
すでにわし鼻＋うけ口の特徴出てるよ

ハプスブルク家初の
神聖ローマ皇帝

ルドルフ1世

私からハプスブルク家の物語は始まった
まあ見てなさい
お、おぬし、さてはできるな!?
あ〜〜無能だと見せかけて
（周辺の諸侯）

スペインが「太陽の沈まぬ帝国」期の
熱烈なカトリック教徒の王

フェリペ2世

最盛期から衰退へと向かう時期の王
異端（プロテスタント）は許さない

新大陸にも広がる領土
神聖ローマ皇帝にしてスペイン王

神聖ローマ皇帝 カール5世

スペイン王 カルロス1世

大航海時代＋宗教改革と大変な変革の時代
領土が広くて西へ東へ大忙しだったよ

スペイン・ハプスブルク家
最後の王

カルロス2世

近親婚の弊害、ここに極まれり
どうしても子供もできなくて…
もう僕にはどうしようもなかったよ…

美術史に忘れえぬ
足跡を残した

フェリペ4世

政治的には何もしなくてただ衰退させたけど
歴代の王で私の顔だけ知ってる人も多いでしょ…

オーストリア

事実上の“女帝”

マリア・テレジア

オーストリアを強国に成長させたわ
女だからってなめてかかると痛い目あうわよ

オーストリア

変わり者 No.1

ルドルフ2世

世界中の珍奇な物を集めて
遊んでたよ

「戦いは他の者にさせるがよい。
汝幸あるオーストリアよ、
結婚せよ。」

《ハプスブルク》家系図

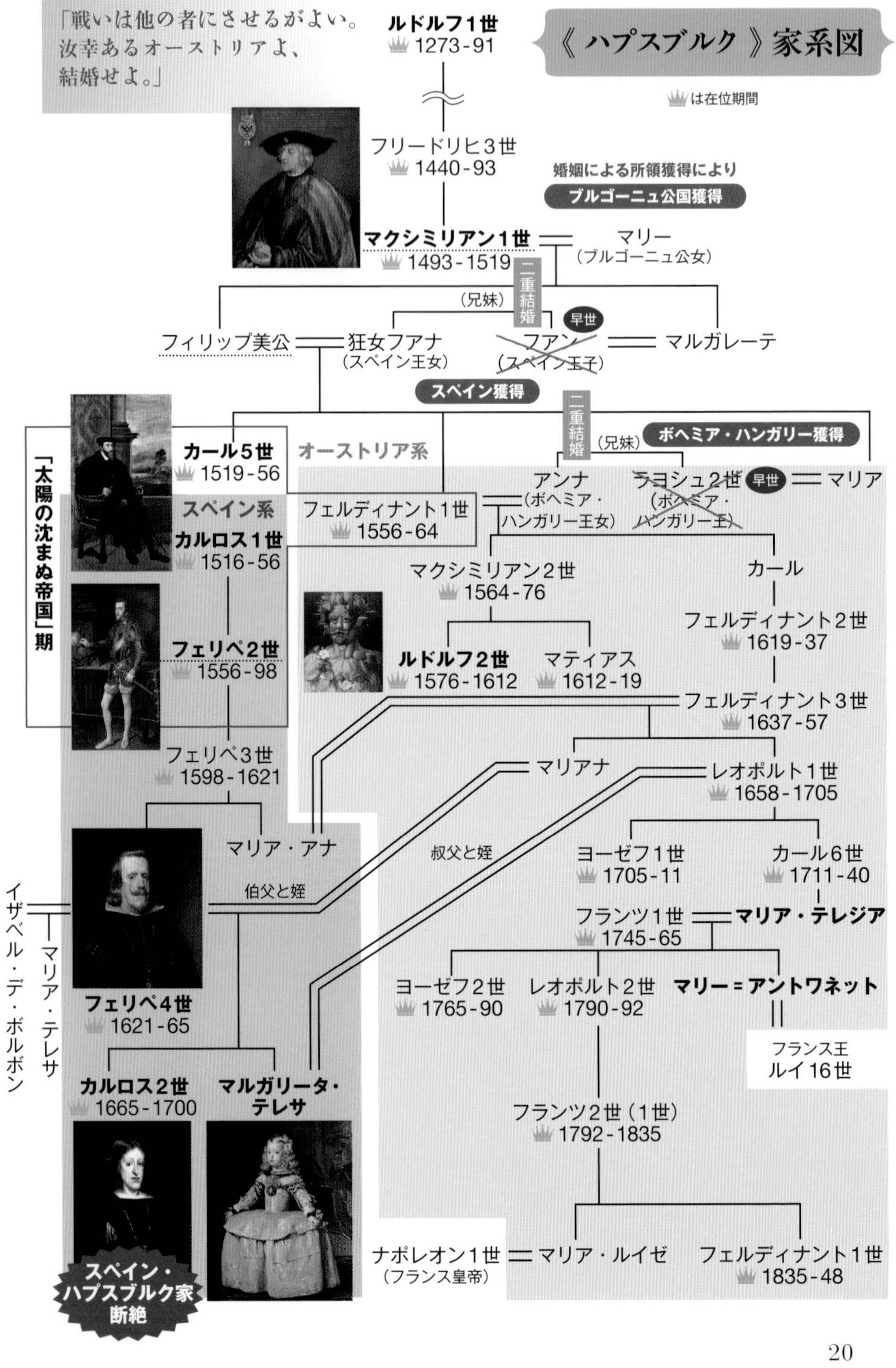
は在位期間
ルドルフ1世 1273-91
フリードリヒ3世 1440-93
婚姻による所領獲得により
ブルゴーニュ公国獲得
マクシミリアン1世 1493-1519
マリー（ブルゴーニュ公女）
二重結婚
（兄妹）
早世
フィリップ美公
狂女ファナ（スペイン王女）
ファン（スペイン王子）
マルガレーテ
スペイン獲得
二重結婚
（兄妹）
ボヘミア・ハンガリー獲得
「太陽の沈まぬ帝国」期
カール5世 1519-56
オーストリア系
スペイン系
カルロス1世 1516-56
フェルディナント1世 1556-64
アンナ（ボヘミア・ハンガリー王女）
ラヨシュ2世
早世
（ボヘミア・ハンガリー王）
マリア
マクシミリアン2世 1564-76
カール
ルドルフ2世 1576-1612
マティアス 1612-19
フェルディナント2世 1619-37
フェリペ2世 1556-98
フェルディナント3世 1637-57
フェリペ3世 1598-1621
マリアナ
レオポルト1世 1658-1705
マリア・アナ
叔父と姪
伯父と姪
ヨーゼフ1世 1705-11
カール6世 1711-40
イザベル・デ・ボルボン
マリア・テレサ
フランツ1世 1745-65
マリア・テレジア
ヨーゼフ2世 1765-90
レオポルト2世 1790-92
マリー=アントワネット
フランス王
ルイ16世
フェリペ4世 1621-65
カルロス2世 1665-1700
マルガリータ・テレサ
フランツ2世（1世） 1792-1835
スペイン・ハプスブルク家断絶
ナポレオン1世（フランス皇帝）
マリア・ルイゼ
フェルディナント1世 1835-48

マクシミリアン1世が子と孫にさせた「二重結婚」とは

（ ）内は生没年
♛は在位期間

子の結婚でスペイン王位獲得

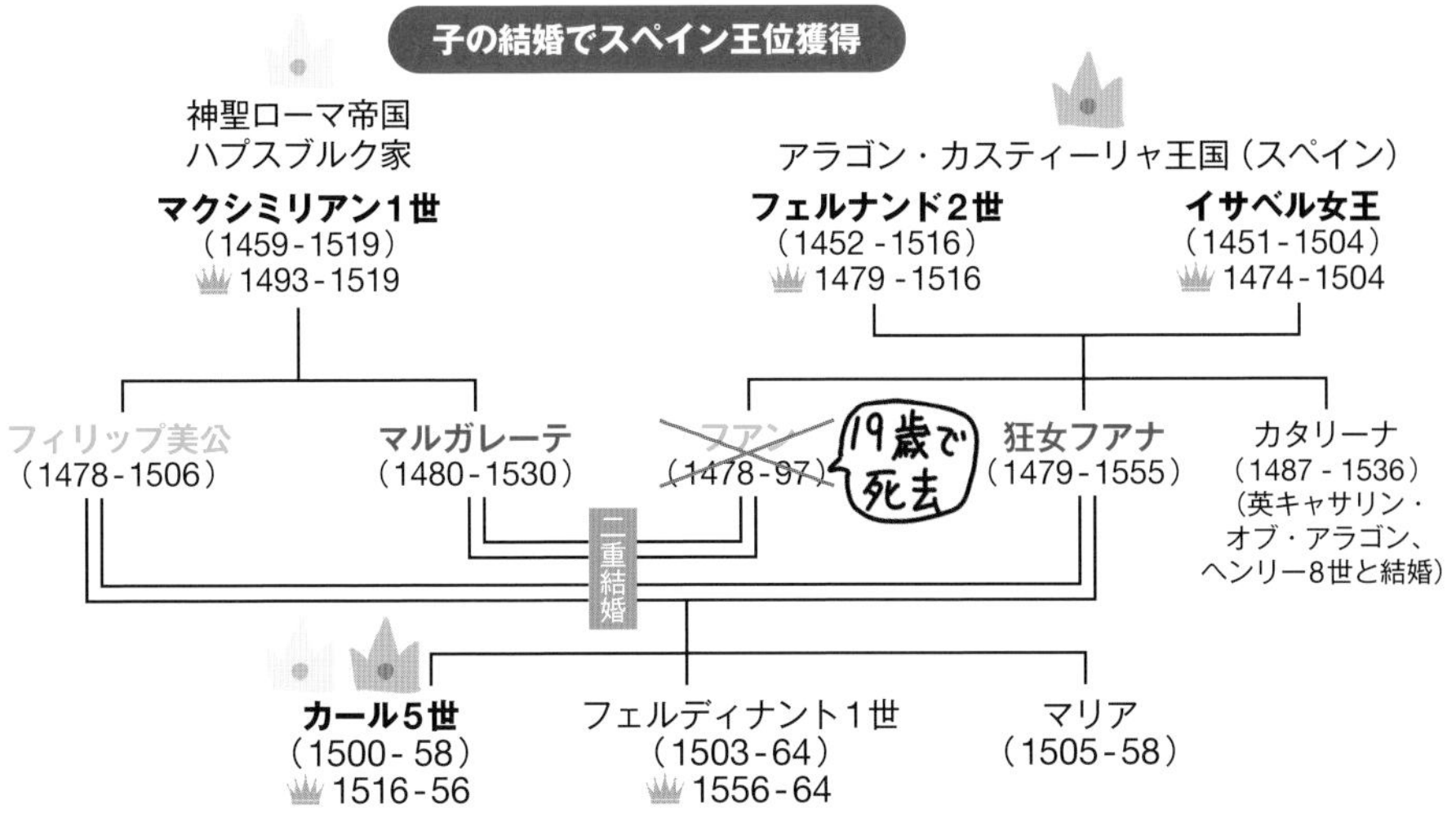

神聖ローマ帝国
ハプスブルク家
マクシミリアン1世
（1459-1519）
1493-1519
アラゴン・カスティーリャ王国（スペイン）
フェルナンド2世
（1452-1516）
1479-1516
イサベル女王
（1451-1504）
1474-1504
フィリップ美公
（1478-1506）
マルガレーテ
（1480-1530）
フアン
（1478-97）
19歳で死去
狂女フアナ
（1479-1555）
カタリーナ
（1487-1536）
（英キャサリン・オブ・アラゴン、ヘンリー8世と結婚）
二重結婚
カール5世
（1500-58）
1516-56
フェルディナント1世
（1503-64）
1556-64
マリア
（1505-58）

双方の兄と妹同士を結婚させた。それぞれの王子が王位を継ぐはずだったが、スペインのフアン王子が後継者を残さず早世したので、スペイン王位は妹の狂女フアナが継ぐことになり、息子カール5世へと引き継がれ、ハプスブルク家に渡った。

孫の結婚でボヘミア・ハンガリー王位獲得

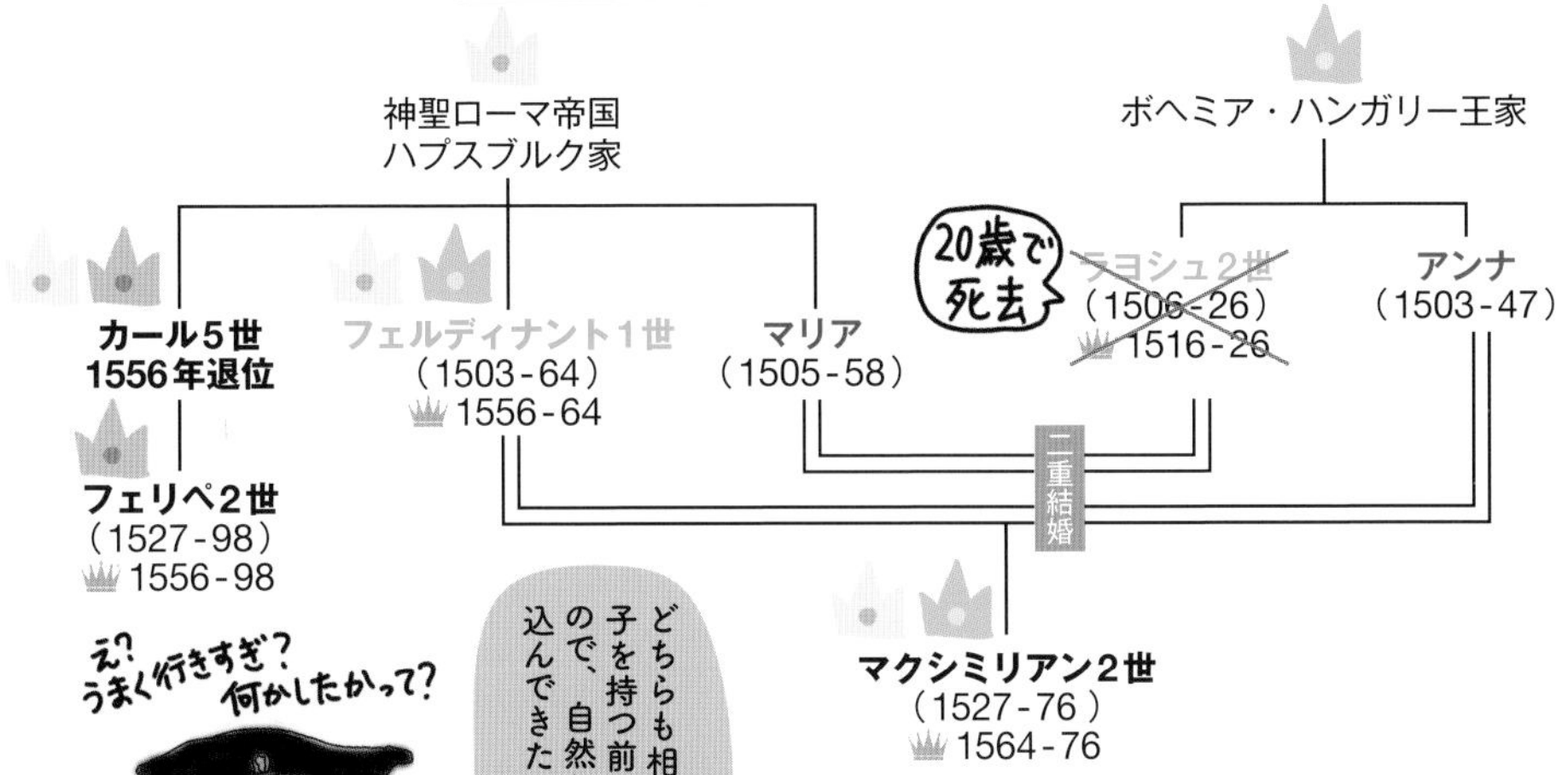

神聖ローマ帝国
ハプスブルク家
ボヘミア・ハンガリー王家
カール5世
1556年退位
フェリペ2世
（1527-98）
1556-98
フェルディナント1世
（1503-64）
1556-64
マリア
（1505-58）
20歳で死去
ラヨシュ2世
（1506-26）
1516-26
アンナ
（1503-47）
二重結婚
マクシミリアン2世
（1527-76）
1564-76

え？うまく行きすぎ？何かしたかって？
そんなまさか
フフフ…
どちらも相手側の息子が、子を持つ前に死んでくれたので、自然と王位が転がり込んできたってわけさ
マクシミリアン1世

こちらも同じで、ボヘミア・ハンガリー王ラヨシュ2世が後継者を残さず早世。結果的にフェルディナント1世がボヘミア・ハンガリー王位を継承した。

ヨーロッパの成り立ちの基礎知識をおさえておこう

「神聖ローマ帝国」とは

・神聖＝ローマ教皇から「戴冠」され、「カトリックの守護者」というお墨付きを得ている意

・帝国＝複数の民族と国を統合した君主国

「神聖ローマ帝国」。その壮大な帝国をイメージさせる名前と実態のつかみどころのなさから、しっかり理解するのが難しいものの一つです。

「神聖ローマ帝国」は九六二年に、東フランクのザクセン家の王オットー一世がローマ教皇からローマ皇帝の位を授かったのが始まりです。皇帝位はドイツ王も兼ねていました。

と、教科書には書いてあります。しかし、しっかり理解しようとすると東フランクってなんだっけ？となり、そもそもフランク王国とは？と、どんどんヨーロッパの歴史を遡ることになります。紀元後からのヨーロッパの国の成り立ちを簡単におさえましょう。

DC 0年　ローマ帝国時代

100

五賢帝時代

200

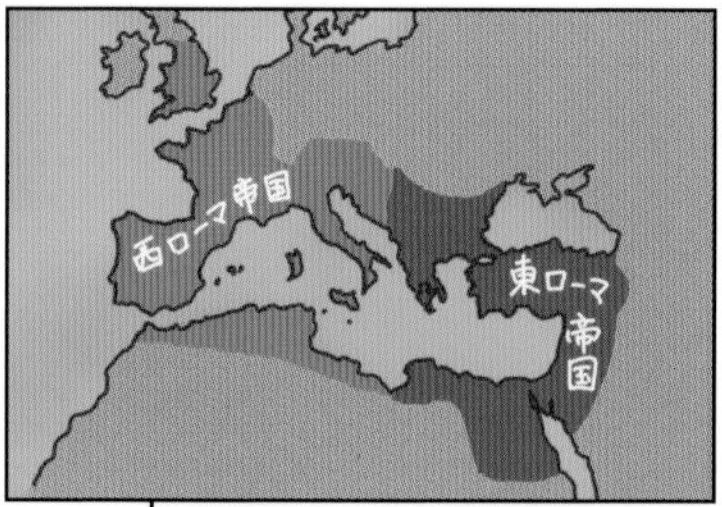

300

392　キリスト教国教化

395　ローマ帝国、東西に分裂

400

476　西ローマ帝国滅亡

481　フランク王国成立

500

600

700

800　**カール大帝、戴冠**

843　ヴェルダン条約（フランク王国が西フランク、中部フランク、東フランクに分かれる）

870　メルセン条約（西フランク、イタリア王国、東フランクに分かれる）

875　イタリア系カロリング朝断絶

900

911　ドイツ系カロリング朝断絶

フランク王国

481 メロヴィング朝
751 カロリング朝
843 ヴェルダン条約

西フランク　中部フランク　東フランク

870 メルセン条約

西フランク　イタリア　東フランク

カロリング朝断絶

987 カペー朝　**分裂**　神聖ローマ帝国 962 オットー1世戴冠

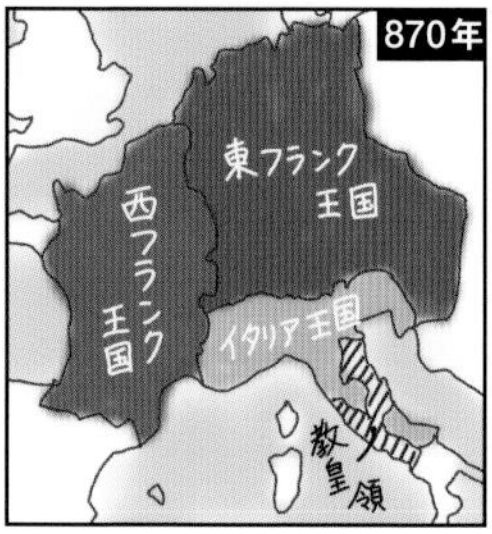

現在のイタリア、ドイツ、フランスの原型

962　東フランクのオットー1世、戴冠
神聖ローマ帝国の起源

987　フランス系カロリング朝断絶。
カペー朝始まる

1000

1077　カノッサの屈辱

1096　第1回十字軍

1100

1200

1215～50　フリードリヒ2世、皇帝権絶頂期

1254～73　大空位時代

1273　ハプスブルク家のルドルフ1世、ドイツ王（＝神聖ローマ皇帝）に選出される

1300

1356　金印勅書により7人の選帝侯
（うち3人は大司教）によって
皇帝が選出されることが
定められた

1400

1486　マクシミリアン1世即位

1500

1517　宗教改革始まる

1519　カール5世即位

1556　フェルディナント1世即位

1600

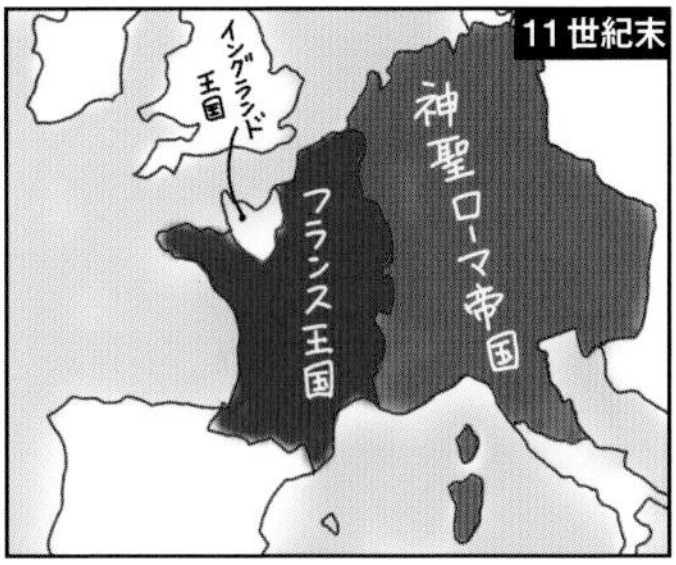

十五世紀後半の神聖ローマ帝国

七選帝侯

有力領主	ブランデンブルク ザクセン ファルツ ボヘミア王国	**大司教**	ケルン トリーア マインツ

「ゲルマン人の大移動」によって西ローマ帝国が滅亡した後、四八一年、フランク王国が成立しました。

九世紀のカール大帝は、八百年にローマ教皇より「ローマ皇帝」の冠を授かり、「西ローマ帝国」の復活を宣言しましたが、その死後、領土は東フランク、西フランク、イタリアの三国に分裂しました。

九六二年に東フランクのザクセン家のオットー一世が、初代の神聖ローマ皇帝になり、これが神聖ローマ帝国の起源となりました。皇帝位は有力諸侯による選挙で決められ、教皇から戴冠されて神聖ローマ皇帝になりました。

十三世紀前半の皇帝フリードリヒ二世はシチリア王も兼ねパレルモに宮廷を置き、聖地エルサレムを回復するなど絶頂期を築きましたが、フリードリヒ二世以後、ドイツから皇帝を選出できなくなる「大空位時代」が生じました。

約二十年の空位の後にドイツ王に選ばれたのが、ハプスブルク家のルドルフ一世でした。

ハプスブルク家の起こり

～弱小領主に転がり込んできた皇帝位～

1 十二世紀、スイスの山中、ライン川上流の地域を支配する小貴族が「ハプスブルク」伯を名乗り始め、それがハプスブルク家の始まりとされている。

名前の由来となったハビヒツブルク城（鷹の城）一部現存

最初は田舎の弱小領主に過ぎなかったんだ。少しずつ領地を増やしてはいたけどね

家紋は双頭の鷲

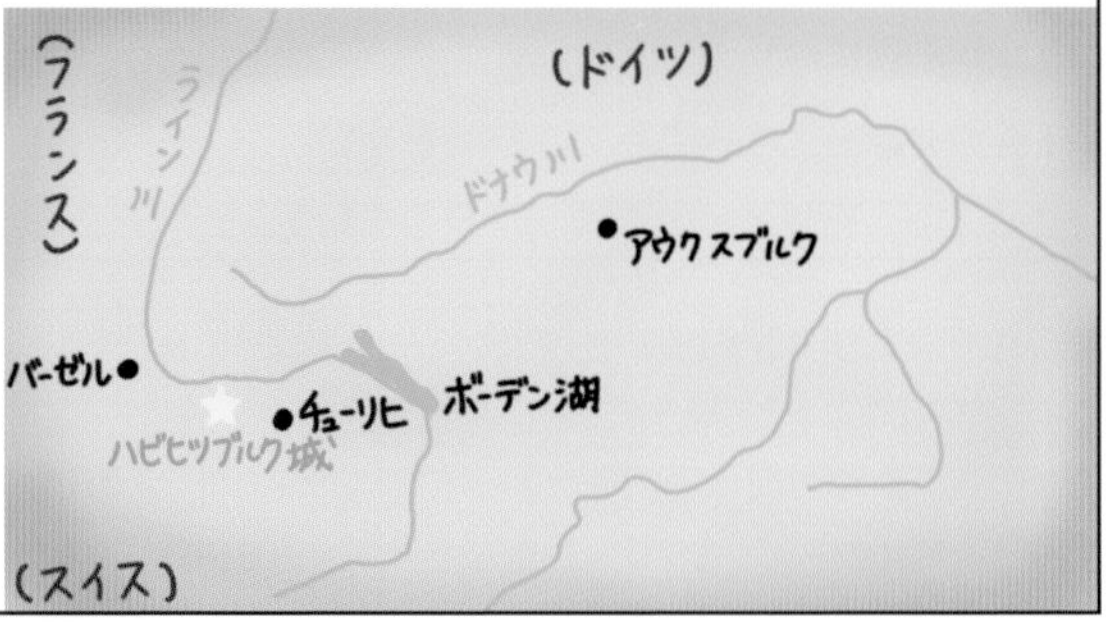

（フランス）
ライン川
（ドイツ）
ドナウ川
アウクスブルク
バーゼル
チューリヒ
ボーデン湖
ハビヒツブルク城
（スイス）

2 ハプスブルク家のルドルフは、地方の一領主に過ぎなかったが、一二七三年に「ドイツ王（神聖ローマ皇帝）」に選ばれたことにより、突如歴史の表舞台に躍り出た。

20年に及ぶ皇帝不在の「大空位時代」を経てドイツ王に選ばれたのが、ハプスブルク家のルドルフでした

えっ!? わし!?
まあ、あいつは凡庸な男だから、皇帝になっても我々の言いなりだろう
年とってるから すぐ死ぬかも しれんし…
財産もないし、皇帝の器じゃないし、無難だな
ヒソ ヒソ

選帝侯たちは、意のままにできる人物と踏んでルドルフを選んだのだった。ところが…

ひょうたんから駒！ ハプスブルク家初の神聖ローマ皇帝

神聖ローマ皇帝

ルドルフ一世

機を見る達人

（1218-91）♛1273-91

RIDOLFO I·IMP·
8

出番がきたな
長身やせ型
わし鼻
頭脳明晰
精力的
やり手
人情こまやか
民衆に人気
信仰心が篤い

ルドルフ一世は、強敵ボヘミア王オタカル二世にオーストリアを返還するよう要求。ついに一二七八年、マルヒフェルトで両勢力が激突した。

ボヘミアは神聖ローマ帝国の一部である。よって領主は王にひざまずき忠誠を誓い、領地を頂戴しなければならない
貧乏人のハプスブルクが「王」だと!? 笑わせるな!!
おれに指図とは百年早いわ!!
←オタカル二世
覚悟!!
ギャー!
マルヒフェルトの決戦
ルドルフ１世の大勝利！

大方の予想を裏切り、ルドルフ一世が大勝利を収めた。

七選帝侯がルドルフ一世をドイツ王（神聖ローマ皇帝）に選出した背景には、その頃、急速に勢力を拡大していたボヘミア王オタカル二世を牽制《けんせい》するという目的がありました。

凡庸だから扱いやすいと選ばれたルドルフでしたが、ドイツ王になると人が変わったように覚醒し、強敵ボヘミア王オタカル二世との直接対決に見事勝利！

この大番狂わせから始まったハプスブルク家は、（すぐに帝位を独占したわけではなかったが）その後世界に類を見ない領土を有する巨大帝国を築き上げていきました。

ナポレオンによって一八〇六年に「神聖ローマ皇帝」の地位が廃止された後も、ハプスブルク家はヨーロッパを代表する名門として君臨し続けました。

強運？ 策略？ 婚姻政策がズバズバ当たって領地急拡大！

これを機にお家芸に！

神聖ローマ皇帝

マクシミリアン一世

中世最後の騎士

（1459-1519）♛ 1493-1519

得意技？
二重結婚だな
愛妻家
現実的な政治家
ルドルフ１世
以来久しぶりに
出た英雄
デューラーを
宮廷画家にするなど
芸術への造詣も深い
婚姻政策でブルゴーニュ、スペイン、
ハンガリーと領土を拡大

ストリーゲル 「マクシミリアン１世」
1783 年 美術史美術館 ウィーン

◆十五世紀のブルゴーニュ公国領

アムステルダム
フランドル
ブリュージュ
アントワープ
デュッセルドルフ
都
ブリュッセル
ゲルン
ルクセンブルク
パリ
ナンシー
ディジョン
ベルン
ジュネーブ
リヨン

ブルゴーニュ（仏）＝ブルグント（独）
現フランスのブルゴーニュ、ベルギー、ルクセンブルク、オランダにまたがる地域

当時、ブルゴーニュ公国は、ヨーロッパ中の商人と世界中の商品が集まる経済の中心地で、絢爛豪華な文化の都だった。富の源泉は毛織物の生産。フランドル美術の地

1 マクシミリアンは、ブルゴーニュ公女マリー・ド・ブルゴーニュと結婚し、誰もがほしがっていたこの地を手中にした。

当時、最高の繁栄と文化を誇った
ブルゴーニュ公国を自らの結婚でゲット

ブルゴーニュ公国最後の君主マリー

政略結婚だったが
夫婦仲はとても
良かったのだ
18歳

フィリップとマルガレーテという２人の子供にも恵まれたんだけど、私は落馬事故が原因で25歳で死んじゃったわ

フィリップ
美公
4歳
マルガレーテ
3歳

ライザー 「マリー・ド・ブルゴーニュ」 1500年頃
美術史美術館 ウィーン

最初の二重結婚 フィリップ美公と狂女ファナ

1 王太子である長男フィリップは凡庸だったが、「美公」と称されるほどの美男子だった。嫁に来たスペイン王女ファナはすっかり夢中になった。

ファナ王女
1479-1555

フィリップ美公
1478-1506

「フィリップ美公とファナ」 一五〇〇年頃 ベルギー王立美術館

ファナは毎年のように子供を産み、息子二人、娘四人を授かった。しかし、フィリップ美公はファナの常軌を逸した愛情を疎ましく思うようになり、ファナは徐々に精神に異常をきたした。

お前が色目を使ったのであろう!?
夫の愛人と疑わしい女官の髪をはさみで切った
狂ってる…
ジャキジャキ
キャー

2 一五〇六年、ファナとスペインを訪れていたフィリップ美公が二十八歳で急死した。ファナは墓所から棺を取り出させ、夜の間、棺と共に荒野を彷徨《さまよ》うという異常行動を二年以上続けた。

プラディーリャ 「狂女ファナ」 1877年 プラド美術館 マドリード

時々棺を開けて遺体があるか確認した
あなた、いつもお側におります…

3 ファナはスペインのトルデシリャスの宮殿に幽閉され、七十六歳で死ぬまでそこで過ごした。残された子供たちはそれぞれ親族に引き取られ育てられた。

プラディーリャ「トルデシリャスの宮殿に幽閉中のファナ」 1907年
サラゴサ美術館 サラゴサ

兄
6歳位

兄カールはフランドルで育つ

叔母でブルゴーニュ総督のマルガレーテに育てられる

弟
3歳位

弟フェルディナントはスペインで育つ

祖父のスペイン王フェルナンド2世に引き取られる

娘マルガレーテはブルゴーニュ総督

マクシミリアン一世の娘マルガレーテは二度の結婚の後、ブルゴーニュ総督となった。兄フィリップ美公は無能だったが、妹は賢く、温厚で思いやりのある政治を行った。

マルガレーテのブリュッセルの宮廷はヨーロッパで最も高い文化水準を誇り、芸術への造詣も深く、アン・ブーリン（P.55）もここで宮廷人としての教育を受けた。

マルガレーテの宮廷で多くの子供が学んだ
あなたはまずフランス語ね
12歳位
アン・ブーリン
ハイ
カール 13歳

マルガレーテ（マルグリット）・ドートリッシュ（1480-1530）

スペイン王子フアンと二重結婚（死別）
↓
サヴォイア公国のフィリベルトと再婚（死別）
↓
26歳でブルゴーニュ総督に（1506～）

画家デューラーとのこと

デューラー
（1471-1528）

マクシミリアン皇帝のために、前代未聞の巨大な版画「凱旋門」や晩年の肖像画などいろいろ手がけたんだけど、皇帝は度重なる戦争で財政が厳しく、私に報酬を支払わないまま亡くなってしまったんだ

そこで、「払ってください」と直談判しにネーデルラントへの旅に出て、無事マルガレーテ様から支払いの確約をもらったんだ

そのあたり日記に詳しく書いたよ

ちゃんと払えなくて悪かったな…

※デューラー著　「ネーデルラント旅日記」　岩波文庫

デューラー「皇帝マクシミリアン1世の肖像」
1519年　美術史美術館　ウィーン

孫たちの行く末を見届け、死去

一五一五年、孫の兄妹をボヘミア・ハンガリー王国の姉弟と二重結婚させる。

これまた信じられないほど
ハプスブルク家に有利に事が運び、

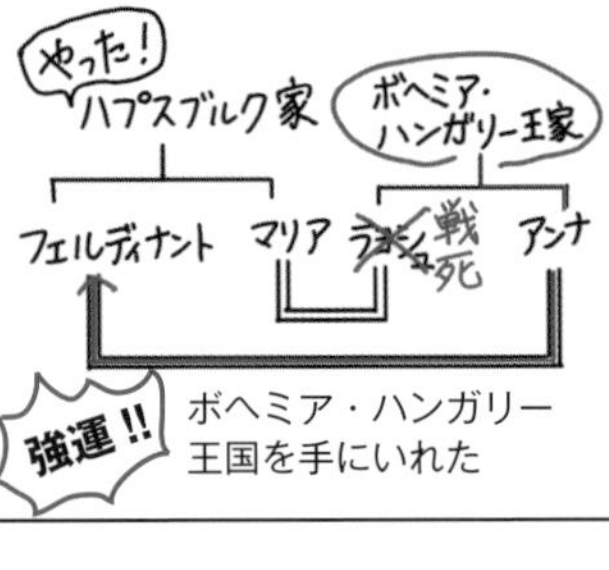

やった！
ハプスブルク家
ボヘミア・ハンガリー王家
フェルディナント
マリア
ラヨシュ
戦死
アンナ
強運!!

ボヘミア・ハンガリー王国を手にいれた

1519年

マクシミリアン一世、孫のカールがスペイン王になるのを見届け死去。

よっしゃ、ここまで見届ければ大丈夫じゃろ…
スペイン
カール、後は頼んだぞ…
ハイ！

神聖ローマ皇帝にしてスペイン王

神聖ローマ皇帝 カール五世
スペイン王 カルロス一世

自ら退位した皇帝

（1500-1558）**神聖ローマ皇帝** ♛ 1519-56
スペイン王 ♛ 1516-56

約束は絶対に守る
王としての威厳たっぷり
戦争に明け暮れた人生
中肉中背
暴飲暴食
痛風
愛妻家で結婚は一度だけ
画家ティツィアーノを重用

できれば戦争や弾圧は避けたい平和主義者なんだけどね
33歳頃

ザイゼネッガー 「カール5世」
1533年 美術史美術館 ウィーン

一五一六年、十六歳のカールは祖父スペイン王フェルナンド二世の死去に伴い、スペイン王に即位。

即位当時、スペイン語は全く話せなかった
生粋のフランドル人ですから
でもすぐマスターしたよ
スペイン王
カルロス一世

一五一九年、祖父マクシミリアン一世が死去。満票（七選帝侯による投票）で神聖ローマ皇帝に選ばれた。

スペイン王＋神聖ローマ皇帝誕生!!
19歳
神聖ローマ皇帝
スペイン王
カール五世

カルロス一世時代のスペイン領

スペインを手に入れたことで一気に世界に広がったハプスブルク家の領土

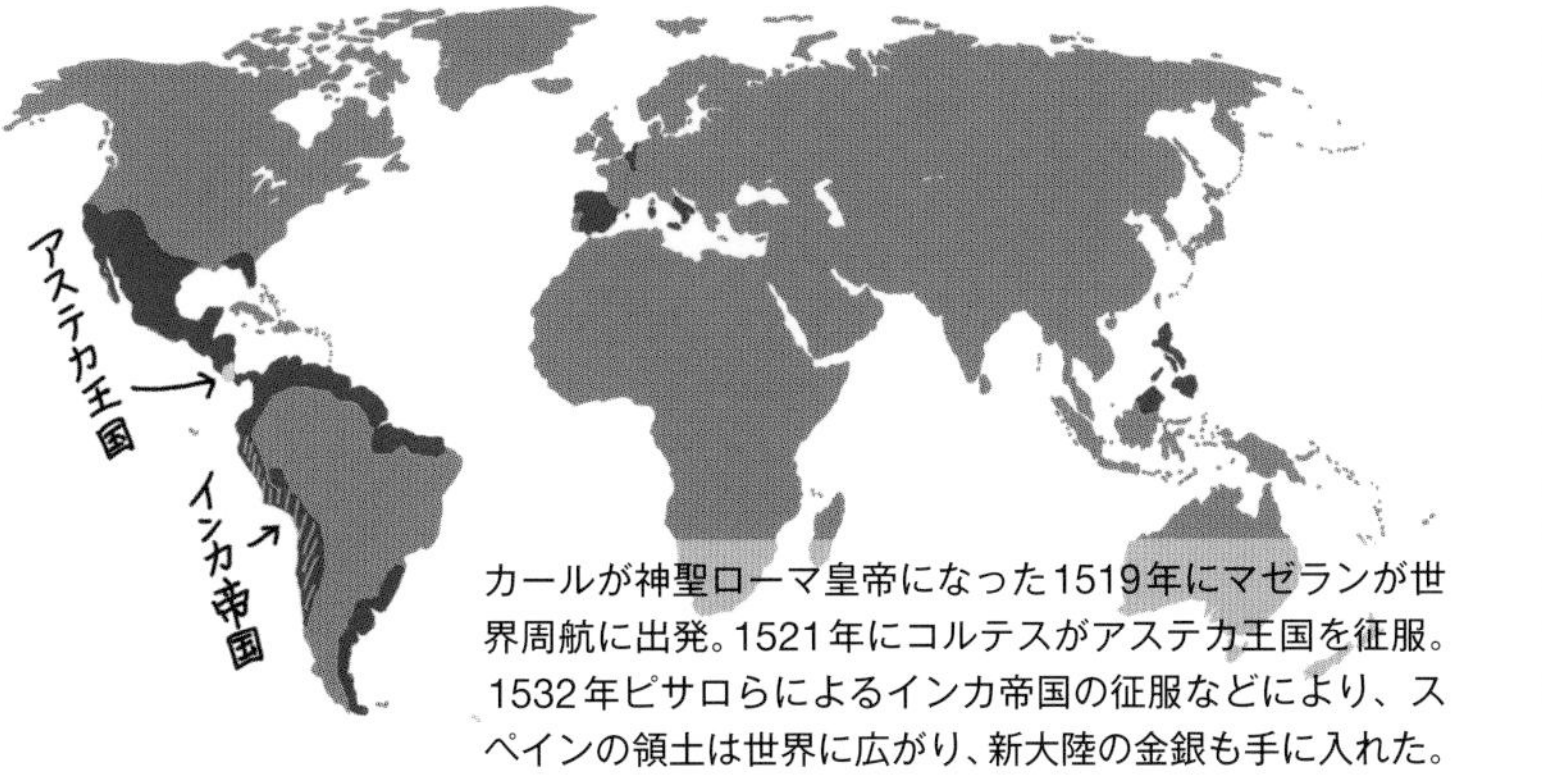

アステカ王国
インカ帝国

カールが神聖ローマ皇帝になった1519年にマゼランが世界周航に出発。1521年にコルテスがアステカ王国を征服。1532年ピサロらによるインカ帝国の征服などにより、スペインの領土は世界に広がり、新大陸の金銀も手に入れた。

カール五世が生きたヨーロッパは歴史上類を見ないほどの群雄割拠《くせものぞろい》の時代

長年の貿易関係からカール５世とは仲良くしたい。けど離婚したいからローマ＝カトリック教会からは離脱するぜ
全てが自分の都合次第の男
イングランド王
ヘンリー８世
ホルバイン画
カール５世のスペインと神聖ローマ帝国に挟まれて苦しかったからイタリアに進出しようとしたんだ
生涯のライバル
あっちもこっちも、ああ忙しい！
約束を全く守らない男
フランス王
フランソワ１世
クルーエ画
わしは晩年フランソワ１世に世話になった
レオナルド・ダ・ヴィンチ
一見、最も筋が通っているようでいて、いきなりローマを破壊するようなムチャもする
神聖ローマ皇帝
カール５世
スペイン王
カルロス１世
ティツィアーノ画
わしはあちこちの要人の肖像を描いたよ
ティツィアーノ
信仰？ 清貧思想？ なにそれ。俺たちだって領地や財産増やしたい。プロテスタントなんて全部破門だ！各地の王が力を持つのも断固邪魔してやる！
フランスと手を組もうとしたら、カール五世にローマ劫掠《ごうりゃく》（一五二七年）を起こされ酷《ひど》い目に遭わされたよ。神聖ローマ皇帝ってローマ＝カトリック教会の守護者じゃないわけ!?
ローマ教皇
クレメンス7世
ラファエロ画
ローマ教皇
レオ10世
ラファエロ画
この頃のローマは文化的にはミケランジェロや僕が活躍したルネサンス最後の黄金期なんだけどね
ラファエロ
油断してるとすぐにウィーンあたりまで攻め込むぜ
意外とヨーロッパびいきで西洋風の肖像画も残っている
オスマン帝国
スレイマン大帝
ティツィアーノの追随者・画

カール５世が生きた16世紀前半は、イタリア進出を虎視眈々と狙うフランス王フランソワ１世、神の名の下に集めた金を湯水のように使う堕落しきったローマ教皇たち、経済面からカール５世とは友好関係を保ちたいヘンリー８世、さらには隙あらばヨーロッパに触手を伸ばすオスマン帝国のスレイマン大帝など、歴史上でも稀に見る傑物がしのぎを削る時代でした。

宮廷画家ティツィアーノ

ティツィアーノは常にヴェネツィアに住みながらカール五世の宮廷画家として仕えた。

皇帝がイタリアに来た時だけ会いに行ったよ

ティツィアーノ
（1490頃～1576）
盛期ルネサンスのヴェネツィア派を代表する巨匠

48歳

ティツィアーノに出会ってからは、彼以外にわしの肖像画は描かせなかったよ

「カール5世」
1548年　アルテ・ピナコテーク
ミュンヘン

最愛の妻

私たちは政略結婚だったけど本当に仲の良い夫婦だったわね

「イサベル・デ・ポルトガル」　1548年　プラド美術館
マドリード

わしの妻イサベルの肖像画も素晴らしかったな。これは彼女の死後に描いてもらったんだ

「カール5世騎馬像」　1548年
プラド美術館　マドリード

前代未聞！自ら皇帝退位 領地を分割委譲

カール五世は、息子フェリペ二世と弟フェルディナント一世に領地を分割。自分は修道院にこもり余生を過ごした。

これまで帝国のために身命を賭し、全力を傾注してきたが我が思いは成らなかった。いま私は疲労困憊している。先祖伝来の信仰を守り、常に平和と正義を失うことのないように…
1556年
カール5世 56歳
息子
弟
任せて引退する
わしは彼らに
29歳
フェリペ2世
53歳
フェルディナント1世

ここでハプスブルク家はスペイン系とオーストリア系に分かれた

スペイン系

オーストリア系

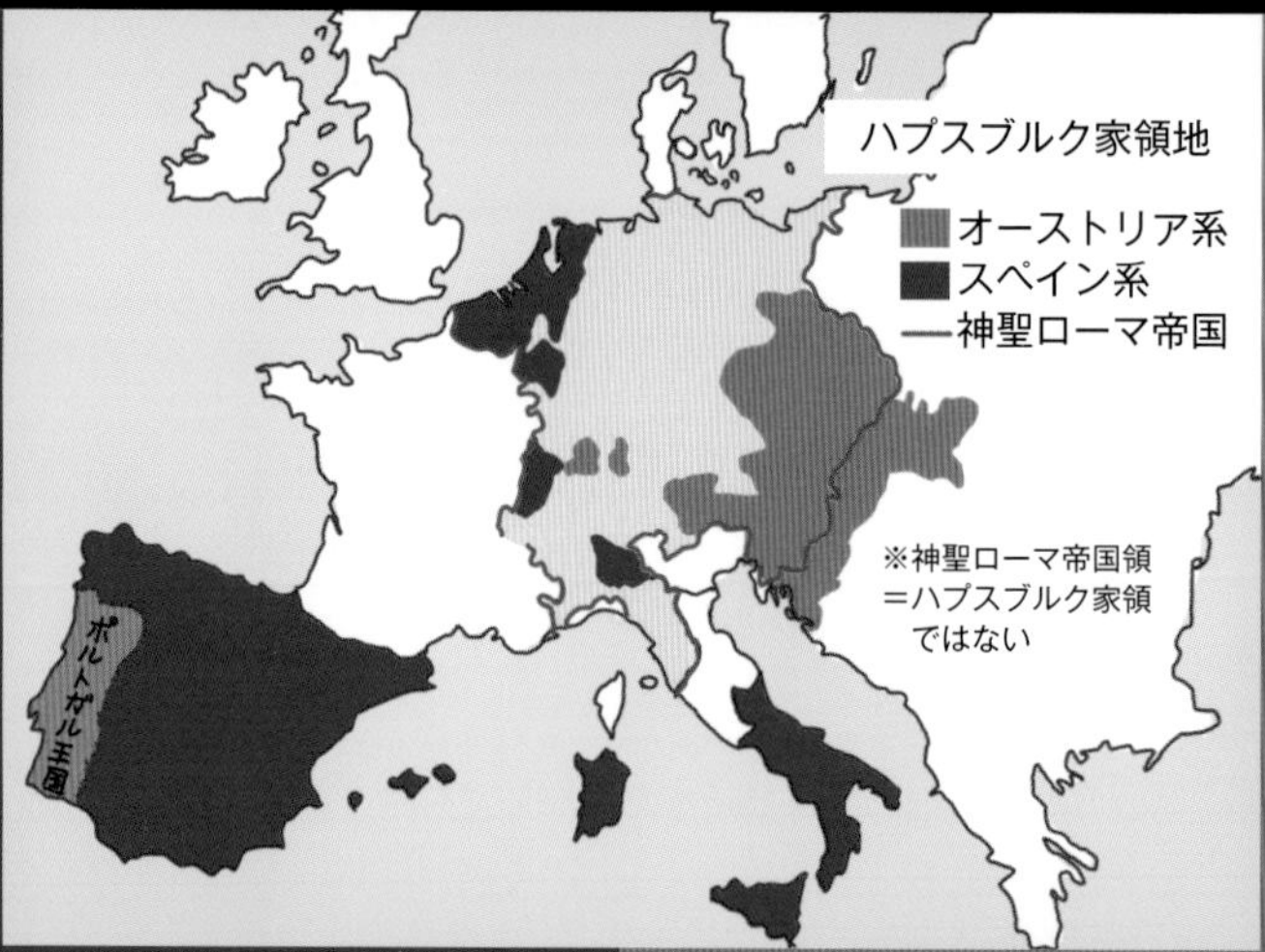

ハプスブルク家領地
オーストリア系
スペイン系
神聖ローマ帝国
ポルトガル王国
※神聖ローマ帝国領
＝ハプスブルク家領
ではない

スペイン、ネーデルラント、サルデーニャ、
シチリア・ナポリ王国＋植民地

フェリペ2世は
さらに1580年にポルトガルを併合し、
アジア貿易の利益を手中にした

スペイン系ハプスブルク家は
1700年に断絶

オーストリア、ボヘミア、
ハンガリー

神聖ローマ皇帝位はフェルディナントが
継承し、フェルディナント1世となった

オーストリア系ハプスブルク家は
第1次世界大戦まで続いた

日没なき世界帝国時代

スペイン王 フェリペ二世

慎重王

（1527-98）
👑1556-98

ザ・書類王！

フェリペ2世は文書での伝達を重視していたので、書類の数は月に1万通、「勤務時間」はしばしば1日14時間に達し、深夜まで書類に目を通していたという。

もう夜の10時だというのに、まだ食事も取っていない！！

アングイッソラ 「スペイン王フェリペ2世」
1565年 プラド美術館 マドリード

私はめったに笑わない

最盛期から衰退期のスペイン王

生粋のスペイン育ち

ガチガチのカトリック

苛烈な新教徒《プロテスタント》弾圧を断行

ポルトガル王国を併合

4度の結婚
姪と結婚するなど重なる近親婚

歯磨きの習慣あり

レパントの海戦でオスマン帝国に勝利

聖遺骨の収集が趣味

ヒエロニムス・ボスの作品が好き

天正少年使節と対面

無敵艦隊を擁するもエリザベス1世に負ける

ネーデルラント北部の反乱

1 カトリック王国スペインで生まれ育ったフェリペ二世は生涯「カトリック王」であることを誇り、プロテスタントに苛烈な弾圧を加えた。

非道

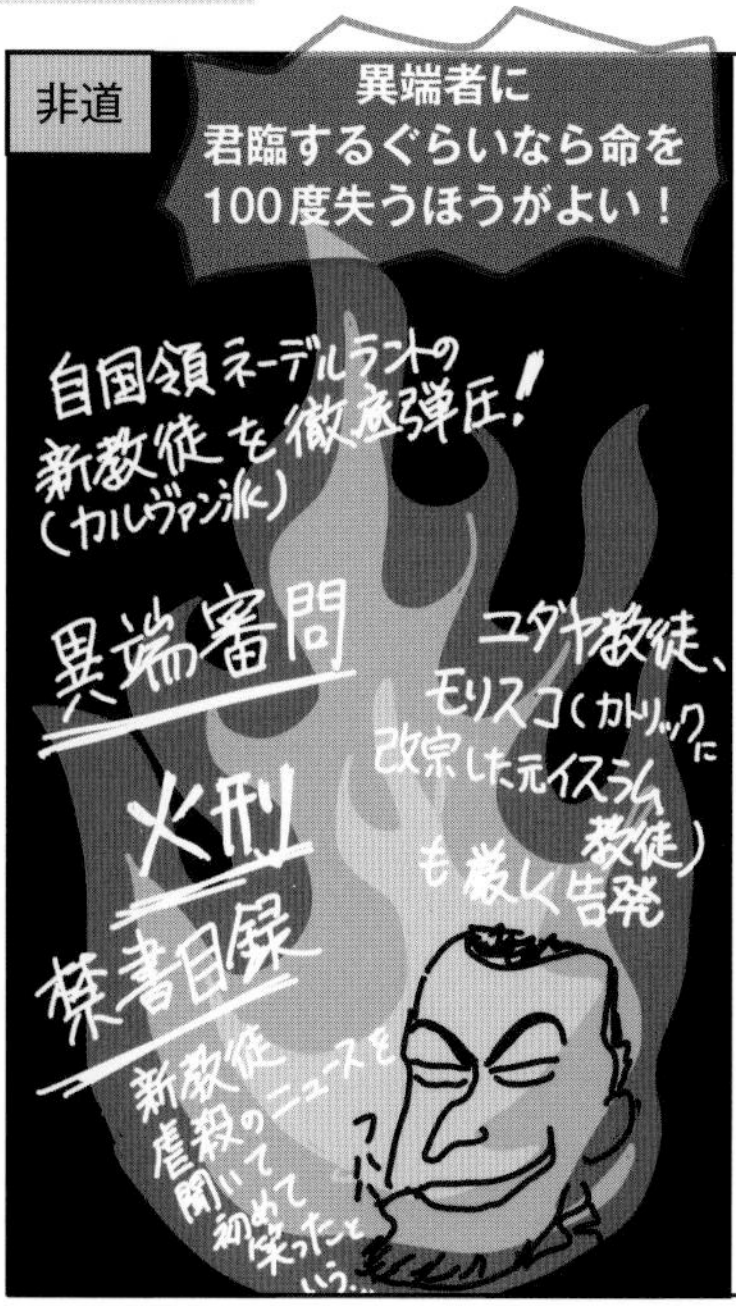

異端者に君臨するぐらいなら命を100度失うほうがよい！
自国領ネーデルラントの新教徒を徹底弾圧！（カルヴァン派）
異端審問
ユダヤ教徒、モリスコ（カトリックに改宗した元イスラム教徒）も厳しく告発
火刑
禁書目録
新教徒虐殺のニュースを聞いて初めて笑ったという…
フハハ

2 二度目の結婚でイングランドのメアリ一世（熱烈なカトリック）と結婚したのも、カトリック同盟国を増やすのが目的だった。

冷酷

見て！あなたのためにプロテスタントの反逆者を数百人血祭りに上げたわ！！
メアリ1世 11歳年上
いよっ ブラッディ・マリー！

しかし世継ぎは生まれず、メアリ1世死去。フェリペ2世は妹エリザベスとの結婚を画策した。

メアリ1世
じゃ次
なに!?
ピクッ

3 一五七一年、レパントの海戦で宿敵オスマン帝国を撃破！　この頃がフェリペ二世の全盛期だった。

武勇　対イスラムという旗印の下、スペイン、ローマ教皇、ヴェネツィア共和国が珍しく手を組み、西欧の軍隊がオスマン帝国に勝利した記念碑的戦いとなった。

思い知ったか！
異教徒め!!
44歳

作者不詳「レパントの戦い」16世紀　国立海洋博物館　ロンドン

4 一五八〇年、ポルトガル王家が断絶。フェリペ二世は母イサベルがポルトガル王女だったことを理由に王位継承権を主張。香料をはじめ貿易ルートをおさえるポルトガルの併合に成功した。

親戚作戦　これによって《領土のいずれかで常に太陽が昇っている》という意味から「太陽の沈まぬ国」と称されるようになった。

スペイン領
ポルトガル領

5 しかしネーデルラントはあまりに過酷な新教徒弾圧に抵抗し独立戦争を開始。スペインはネーデルラントを支援するイングランドのエリザベス一世に海戦を挑むが、まさかの敗北。経済的な重要拠点アムステルダムと制海権を失い、その後衰退に向かうことになった。

1588年
無敵艦隊、敗れる！
うそだー！
まさかー
ネーデルラント北部独立へ
フン
口ほどにもないわね

6 フェリペ二世はスペイン・ハプスブルク家の中で最も長寿となったが、持病の痛風に苦しみ、七十一歳で死去。

いまわの際に側近が聖遺骨に触るな！と言ったら反応したとか
ビクッ
ナヌ!?
無類の聖遺骨マニアだった

意外な

フェリペ2世の芸術的好み

なんでネーデルラントの画家だったぼくの絵が大量にスペインにあるのかって？ スペイン王がネーデルラントも統治していたからなんだね

ボス（1450頃-1516）

父から引き続きティツィアーノを重用したけど、
本当に好きだったのは、ヒエロニムス・ボス!

「快楽の園」 一五〇三-〇四年（諸説有り）
プラド美術館　マドリード

フェリペ2世はボスの作品を収集しまくり、これがプラド美術館の珠玉のボス・コレクションに

エル・グレコは好みに合わず

グレコはフェリペ2世の注文を受け、エル・エスコリアル修道院の聖堂を飾る祭壇画として「聖マウリティウスの殉教」を描いたが、フェリペ2世とヒエロニムス会士は気に入らず、受け入れを拒否。これによりグレコの宮廷画家への道は閉ざされた。

博識で熟達した画家かもしれんが、わしは好かん!（フェリペ2世）

理性と自然の法則に従ってないし、なにより祈禱の念を起こさせない…（ヒエロニムス会士）

「聖マウリティウスの殉教」 一五八〇-八二年
エル・エスコリアル修道院　マドリード

驚くほど高慢な性格
↓

エル・グレコ
（1541-1614）

え？ ミケランジェロの「最後の審判」のあそこが丸出しすぎると問題になった時「なら壊しちゃえば？私がさらに上質なものを描いて差し上げますよ」と確かに言ったよ。そのせいでひんしゅくを買って、ローマにいられなくなりスペインに逃げたって言われてるけど、おれは前からスペインに行きたかったんだ！ 晩年にも「ミケランジェロはいい男だったが、絵の描き方は知らなかった」と言ったけど、それがなにか？ みんなは違う意見？

ギリシア・クレタ島出身。イタリア、スペインと移り住みトレドに定住。主に教会を顧客に持ち、作品には高い値をつけた。24も部屋のある貴族の館に住み、ギリシア人の友人をはべらせ、スペインに40年近くも住みながら最後までスペイン語は不得意だったという。

ハプスブルク家第6代神聖ローマ皇帝（♕1576 - 1612）、
ハンガリー王（♕1572 - 1608）、ボヘミア王（♕1575 - 1612）

一方、オーストリアでは…

変わり者代表

神聖ローマ皇帝 ルドルフ二世

（1552-1612）

16世紀後半～

わしは政治そっちのけで
世界中から集めた珍品の
陳列室「驚異の部屋」作りや
錬金術に没頭する
スーパーオタク人生を全うしたよ
王位も弟にくれてやったさ

ヨーゼフ・ハインツ・ザ・エルダー 「ルドルフ2世」
1594年 美術史美術館 ウィーン

お気に入りの画家だって
普通じゃないぞ

アルチンボルドにかかるとわしも
こうなる

アルチンボルド 「ウェルトゥムヌスとしての
ハプスブルクのルドルフ2世」 1591年
スコクロスター城 スウェーデン

奇才の宮廷画家

ジュゼッペ・アルチンボルド

（1526-93）イタリア・ミラノ出身
果物、野菜、動植物、本など様々なものを寄せ集め、風変わりな肖像画を描くのを得意とした。1562年から宮廷画家としてフェルディナント1世（P. 32）、その息子のマクシミリアン2世、孫のルドルフ2世の3代にわたり25年間仕えた。画家としてだけでなく、祝祭のプロデュースや衣装デザイン、楽器なども発明。暗号解読や機械工学にも通じ、古代美術の専門家としても雇われるなど多方面で活躍した。

キワモノ画家に思われるかもしれないけど、皇帝の絶大な信頼を得て宮中伯という貴族の身分ももらい、大変な名声と富を手に入れたんだよ

見よ！この静物画としても耐えうる精緻な描写を！

自画像もちゃんと自分の仕事とゆかりの深い「紙」で構成するなど、こだわります

アルチンボルド 「自画像（紙の男）」
1587年 ストラーダ・ヌオーヴァ
美術館ロッソ宮 ジェノヴァ

眉間の数字は 61歳を示す

名君の誉れ高き“女帝”

神聖ローマ皇帝妃 マリア・テレジア

（1717-80）

18世紀

ハプスブルク＝ロートリンゲン朝初代神聖ローマ帝国皇后（1745 - 65）、
ハンガリー女王、オーストリア女大公（1740 - 80）、
ボヘミア女王（1740 - 41、1743 - 80）

正式には“女帝”ではなく“皇帝妃”で“皇帝の母”だったけど、実質的に政治を動かしていたのは私だったわ。虎視《こし》眈々《たんたん》と領土を狙ってくるやからから国を守るために宿敵フランスと手を組んだりして乗り切ったわ。その間に16人も子供を産んでね

メイテンス　「マリア・テレジア大公妃」　1759年
ウィーン美術アカデミー　ウィーン

美人

モラー　「マリア・テレジア大公妃」
1727年頃　美術史美術館　ウィーン

極めて珍しい幼なじみ同士の恋愛結婚で円満家庭!!
末娘のマリー＝アントワネット
私のお母様よ いつも心配してくださっていたわ

ムコ殿!
夫フランツ1世
ずっと妻の添え物扱いでつらかったけど持ち前の陽気な性格で国民には愛されたよ

神聖ローマ皇帝　1745 - 65

三女傑による対プロイセン三国同盟

シュレージエンを巡り マリア・テレジアVSフリードリヒ2世 7年戦争勃発!

結局、エリザヴェータ女帝の急死により同盟が崩れ、シュレージエンを取り戻すことはできなかったが、マリア・テレジアはこの三国同盟によってフリードリヒ２世をかなり追い詰めた。

治世中ずっと女に苦しめられた
マジでもおやめて

私たちが勝手は許しません!!
ロシア エリザヴェータ女帝
オーストリア マリア・テレジア
フランス ポンパドゥール夫人
こんの“シュレージエン泥棒”!!返せ!!
豊かな土地
フリードリヒ2世が強引に奪った
大の女嫌い
うっわーこわー“3枚のペティコート同盟”!?

←プロイセンのフリードリヒ２世

マリア・テレジアがハプスブルクの家督を相続すると、周辺諸国（特にプロイセン）は「女性だから」とあなどり、オーストリアを狙い始めた。そこでマリア・テレジアは長年宿敵だったフランスと手を組むという驚きの外交手段に出、さらにはロシアとも手を組み、それらに対抗した。

マリア・テレジアの生涯のライバル!

類《たぐい》まれなる審美眼の王

スペイン王

フェリペ四世

血の濃さがもたらす弊害がいよいよ顕著に

無能王

（1605-65）

1621-65

16歳で即位
典型的なハプスブルク顔
政治に興味なし
アフガンハウンドのような長い顔
超女好き
わし鼻
庶子は40人以上とも
突き出た顎
血管が浮き出た青白い肌＝青い血
文学、演劇に造詣が深い

フェリペ４世の最良の仕事はベラスケスを宮廷画家に抜擢したこと

ベラスケス 「フェリペ4世」 1631-32年頃
ナショナル・ギャラリー ロンドン

素晴らしい！そちを王付きの画家に任命しよう
フェリペ4世 18歳
これより死ぬまで王に仕えた
ありがたき幸せ…
ベラスケス24歳

フェリペ三世を経て、フェリペ四世が即位した十七世紀のスペイン王国は、もはや十六世紀の栄光も完全に過去のものとなり、国全体が疲弊し、厭世感に満ち、貴族、民衆問わずモラルの低下も著しく、夢も希望もない時代でした。

しかし芸術の分野では「黄金世紀《シグロ・デ・オロ》」と呼ばれ、スペイン宮廷は文化をリードする存在でした。政治家としては全く無能なフェリペ四世でしたが、その審美眼は歴代の王の中でも超一級で、後世「画家の中の画家」と呼ばれるようになるベラスケスを重用し、傑作を多く描かせました。また後のプラド美術館の礎《いしずえ》となる珠玉の絵画コレクションを築きました。

ベラスケスの筆により、フェリペ四世の家族たちの肖像は永遠となりましたが、度重なる近親婚の結果、夭折する子供が後を断たず、ついにフェリペ四世の子供カルロス二世は後継者を残すことができずに、スペイン・ハプスブルク家は断絶しました。

スペイン・ハプスブルク家、最後の人々

1 最初の結婚はフェリペ四世がまだ十歳の時だったので、実際に妻イサベル・デ・ボルボンと同居を開始したのは五年後のことだった。子供は次々生まれたが、なかなか育たなかった。

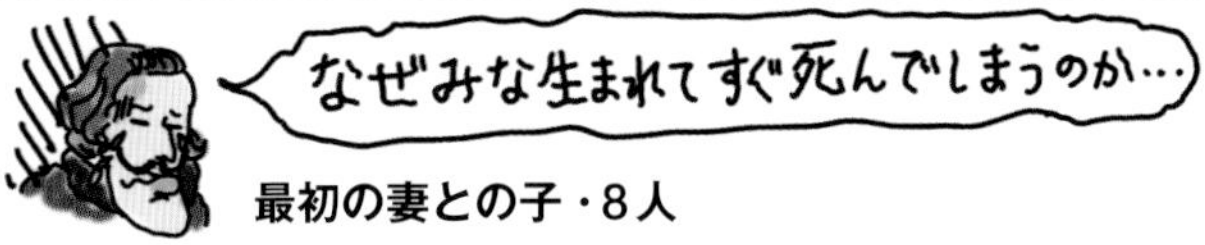
なぜみな生まれてすぐ死んでしまうのか…

最初の妻との子・8人

1・マリア・マルガレータ（1621年）
2・マルガリータ・マリア・カタリーナ（1623年）
3・マリア・エウヘニア（1625～27年）
4・イサベル・マリア・テレサ（1627年）
5・バルタサール・カルロス（1629～46年）王太子
6・フランシスコ・フェルナンド（1634年）
7・マリア・アナ・アントニア（1636年）
8・マリア・テレサ（1638～83年）フランス王妃（P.94・95）

2 希望の星、嫡男バルタサール・カルロスも十六歳で死去。

こんなにかっこよく描いてもらったんだけどねえ…

全てベラスケス画
「バルタサール・カルロス」

1635年頃　プラド美術館　マドリード

一六三三年　ウォレス・コレクション　ロンドン

一六四〇年　美術史美術館　ウィーン

あぁ～ 息子よ…
なぜ死んでしまったのか～

フェリペ四世は十六歳でスペイン王に即位。二度の結婚のうち、最初の妻フランス国王アンリ四世の娘イサベル・デ・ボルボンとの間に八人の子が生まれました。

しかし、六人は幼児のうちに夭折。育った二人のうち、世継ぎとして期待を一身に背負ったバルタサール・カルロスも十六歳で死去。末娘のマリア・テレサだけが成人し、フランス王ルイ十四世の妃となりました。

なんとしても世継ぎが欲しいフェリペ四世は、妹の子で三十歳近くも歳の離れた姪マリアナをオーストリアから迎えて再婚。

今度も五人生まれたうち、育ったのは二人で、一人は「ラス・メニーナス」の主役の王女マルガリータ・テレサ。もう一人は最後のスペイン・ハプスブルク家の王となったカルロスでした。

46歳位

「自画像」　1645年頃
ウフィツィ美術館　フィレンツェ

宮廷画家ベラスケス

（1599-1660）

私はいかなる対象物も平等に描き出す

セビーリャ出身

両親は庶民のコンベルソ（カトリックに改宗した元ユダヤ教徒）だった可能性が指摘されている

19歳で師匠の娘と結婚

娘2人

24歳から宮廷画家

性格がほとんど伝わっていない

30代は宮殿装飾に従事

50歳、2度目のイタリア滞在でイタリア女性との間に庶子をもうける

19歳の作でこの迫真性！

うまそ〜！
お食べよ

「卵を調理する老女」　1618年
スコットランド国立美術館　エディンバラ

ベラスケスの超堅実！　宮廷画家人生

1 十二歳で当時の画壇を代表する画家パチェーコに弟子入り。

君は大変見どころがある！娘のむこになってくれ
師匠
よしっ！行くぞ！マドリード〜！

2 フェリペ四世の宮廷画家及び廷臣となったベラスケスはルーベンスの勧めでイタリアへ遊学。

わかりました行ってきます
君は素晴らしい！ぜひイタリアへ行って見聞を広めたまえ！

3 廷臣として栄達を極め、スペイン貴族の最高の称号の一つであるサンティアゴ騎士団への入団を許され、最高傑作も完成。

サンティアゴ騎士団のマーク
国王の部屋も含む宮殿のかぎの管理

4 王女マリア・テレサをフランス王ルイ十四世に引き渡す儀式を取り仕切った一カ月後に死去。

夜は歩き、昼は働く日々に疲れました…
（友人に宛てた手紙）
享年61
働きすぎました…
宮殿の使用人への支払いや王の夏の氷の手配、ワインの毒味までしていた
おそらく過労死

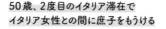

画家の中の王 ベラスケスの傑作名画

この素早い筆遣い！

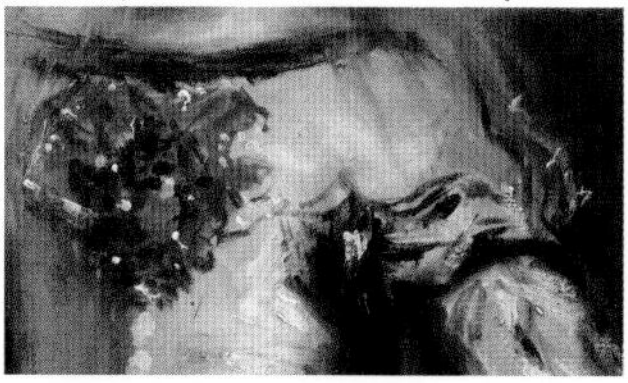

犬が一番高貴かも!?

57歳位

「ラス・メニーナス」　1656年　プラド美術館　マドリード

←画家の唯一の裸婦像がなんともセクシー

「鏡を見るヴィーナス」　1647-51年頃
ナショナル・ギャラリー　ロンドン

ベラスケスは私たちのような姿の者も差別せず、同じ眼差しを注ぎ、豊かな人間性を描き出してくれました

「道化師エル・プリモ」　1644年頃
プラド美術館　マドリード

←いまだかつてなかった、これほどまでに静かで荘厳な磔刑像

「十字架上のキリスト」　1631-32年頃
プラド美術館　マドリード

繰り返す近親婚 いよいよ濃くなる血

フェリペ3世（1578-1621）
- 子：フェリペ4世（1605-65）、マリア・アナ

イザベル・デ・ボルボン ＝ フェリペ4世（1605-65）
- 子：マリア・テレサ
- バルタサール・カルロスを含む7人死亡

マリア・アナ ＝ オーストリア・ハプスブルク家 フェルディナント3世（1608-1657）
- 子：マリアナ・デ・アウストリア、レオポルト1世（1640-1705）

フェリペ4世 ＝ マリアナ・デ・アウストリア
伯父と姪
29歳差
- 子：カルロス2世（1661-1700）、マルガリータ・テレサ（1651-73）
- フェリペ・プロスペロなど他の3人は夭折

レオポルト1世 ＝ マルガリータ・テレサ
叔父と姪
11歳差

おじと姪の結婚は教会に禁じられていたため、ローマ教皇の特別な許可を得て実行された

全てベラスケス画
「マルガリータ王女」

3歳

1653年頃　美術史美術館　ウィーン

政略結婚だったけど、夫婦仲は良かったのよ
そうとも
ね、おじ様♥
けっこう有能
音楽の才も非凡

❶フェリペ四世は、二番目の妻（姪）マリアナとの間にできたマルガリータ王女を、妻の弟と結婚させた。王女の一連の肖像画は婚約者レオポルト一世に送るために描かれたものだった。

ほぼ七五三と同タイミングに描かれている

十六歳で結婚して毎年のように子供を産んで二十一歳の時、第六子を産んだ直後に死んじゃったわ

↓ベラスケスの絶筆

8歳

1659年　美術史美術館　ウィーン

5歳

1656年頃　美術史美術館　ウィーン

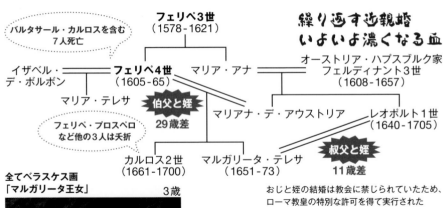

スペイン・ハプスブルク家の終焉

2 先妻の子バルタサール・カルロスの死から十一年後、念願の王子フェリペ・プロスペロが生まれた。大切に育てられたが、三歳で病死してしまった。

頼むっ~
祈とう師
香
ごめん…
死なないで!
魔除けの鈴

服にいっぱい吊るされている鈴や香辛料、珊瑚などは全部魔除けのお守りだよ。みんな気遣ってくれたのに、死んじゃってごめんね…

プロスペロとは「繁栄」という意味なんだよ

「王太子フェリペ・プロスペロ」　1659年
美術史美術館　ウィーン

スペイン王 カルロス二世

最後の王
（1661-1700）
1665-1700

自分が病弱なのは、悪魔に呪いをかけられたためだと思っていたよ

デ・ミランダ　「カルロス２世」
1676年　ローラウ城
オーストリア

でもけっこう頑張ったでしょ…

深刻な末端肥大症からくる長いあご

知能が低く、かなり成長するまで話せなかった

異教徒の拷問を見て楽しむなど残虐性も

それでも39歳まで生きた

4歳で即位

精神異常

受け口であごが噛み合わず、常時よだれをたらしていた

人前に出る時はベールを被せられた

結婚2回も子供残せず

ルイ14世の孫アンジュー公フィリップに王位を譲ると表明し死去

先妻の墓を暴くなどの奇行も絶えず

ハプスブルク家断絶!
スペイン継承戦争を経て王位はブルボン家へ

(P. 97)

この絵は断絶からちょうど100年後に描いたよ

ゴヤ
（1746-1828）

←カルロス４世一家

ゴヤが描いた私たち一家はこの先の系譜よ

カルロス４世はナポレオンによって1808年に退位させられた

「カルロス４世の家族」　1800年
プラド美術館　マドリード

スペイン絵画黄金時代の画家たち

政治や経済では落ち目だったものの、スペイン・ハプスブルク家がスペインを治めた17世紀は「スペイン絵画の黄金時代」でした。スペイン王はローマ教皇と共に、宗教改革に対抗し、自国のカトリック信仰を強化するため、敬虔な祈りの気持ちを誘うわかりやすく親しみやすい宗教絵画の発展を図りました。

硬質、厳格、瞑想的

スルバラン（1598-1664）

さあ、みんな入って入って〜守ってあげますよ〜
ありがたや…

「カルトゥジョ会の聖母」　1644-55年頃　セビーリャ美術館　セビーリャ

熱烈なマリア信仰が起こって聖母マリアの絵が大人気に。これは修道会からの注文よ

静物も厳粛！

かっこいい

「レモン、オレンジ、バラのある静物」　1633年
ノートン・サイモン美術館　パサデナ　（アメリカ）

愛らしく親しみやすい

ムリーリョ（1617-82）

なんて可愛い！

私は愛らしい聖母子が得意だったから「スペインのラファエロ」と呼ばれたよ。庶民の子供を描くのも得意だったんだけど、自分の9人の子供は、次々流行《はや》り病《やまい》で死んでしまって…。彼らへの慈しみの気持ちを込めて描いてたよ

「ロザリオの聖母」　1650-55年頃
プラド美術館　マドリード

「エル・エスコリアルの無原罪の御宿り」
1660-65年頃　プラド美術館　マドリード

聖母マリアが主役の「無原罪の御宿り」もたくさん描かれたわ

第2章 テューダー朝

ヘンリー8世
全てが
主にこの恐るべき父子の物語…
エリザベス1世
正反対の私たち
England

テューダー朝の3人の王と2人の女王

テューダー朝の始祖
絶対王政の基礎を築いた

ヘンリー7世

イングランドの王位をめぐってずっと内戦してて
バラ戦争
有力な王位継承者がほとんど死んじゃったんだ
で、私が最後勝って新たな王朝を開いたんだ

前代未聞！ 6人の妻をめとり、
英国国教会を創設

ヘンリー8世

わしの邪魔をする奴は、妻だろうが忠臣だろうが教皇だろうが関係ない
退けるまでよ
だからカトリック教会は離脱したし
6人いた妻のうち2人処刑したし
忠臣も3人中2人斬首したよ
ま、全ては王権を守るためオレ様も大変なのよ

英国史上初の女王
ブラッディ・マリーの異名を持つ

メアリ1世

結婚後、すぐ
妊娠もして
完璧だったのに
まさかの想像
妊娠だった上
卵巣腫瘍
までできて…
苦労して女王に
なったのに
5年で
死んじゃった…
とっても
ステキな夫、
スペインの
王子様フェリペ
超カトリック
2世を
喜ばせたくて
新教徒を
たくさん
火あぶりに
したわ

在位6年
16歳で死去

エドワード6世

マーク・
トウェイン
の
「王子と
こじき」の
モデルは
ぼくさ
皆の
期待を
一身に
背負ってたのに
死んじゃって
ごめんね…

テューダー朝全盛期の女王
独身を貫き「処女王」と呼ばれる

エリザベス1世

私は父とは違って
忠臣を大事に
します
めったに
処刑はしません
王位を狙って
近づく者どもは
スペイン王
だろうと
けちらし
ます
でも
イケメン
には
弱いの…
母(アン・ブーリン)は
父(ヘンリー8世)に処刑
されてるし、弟も
姉もいたから まさか
自分が女王になる
とは思ってもみな
かったけど、
やるからには
「イングランドと
結婚する」
覚悟で
やるわよ

テューダー朝の歴史

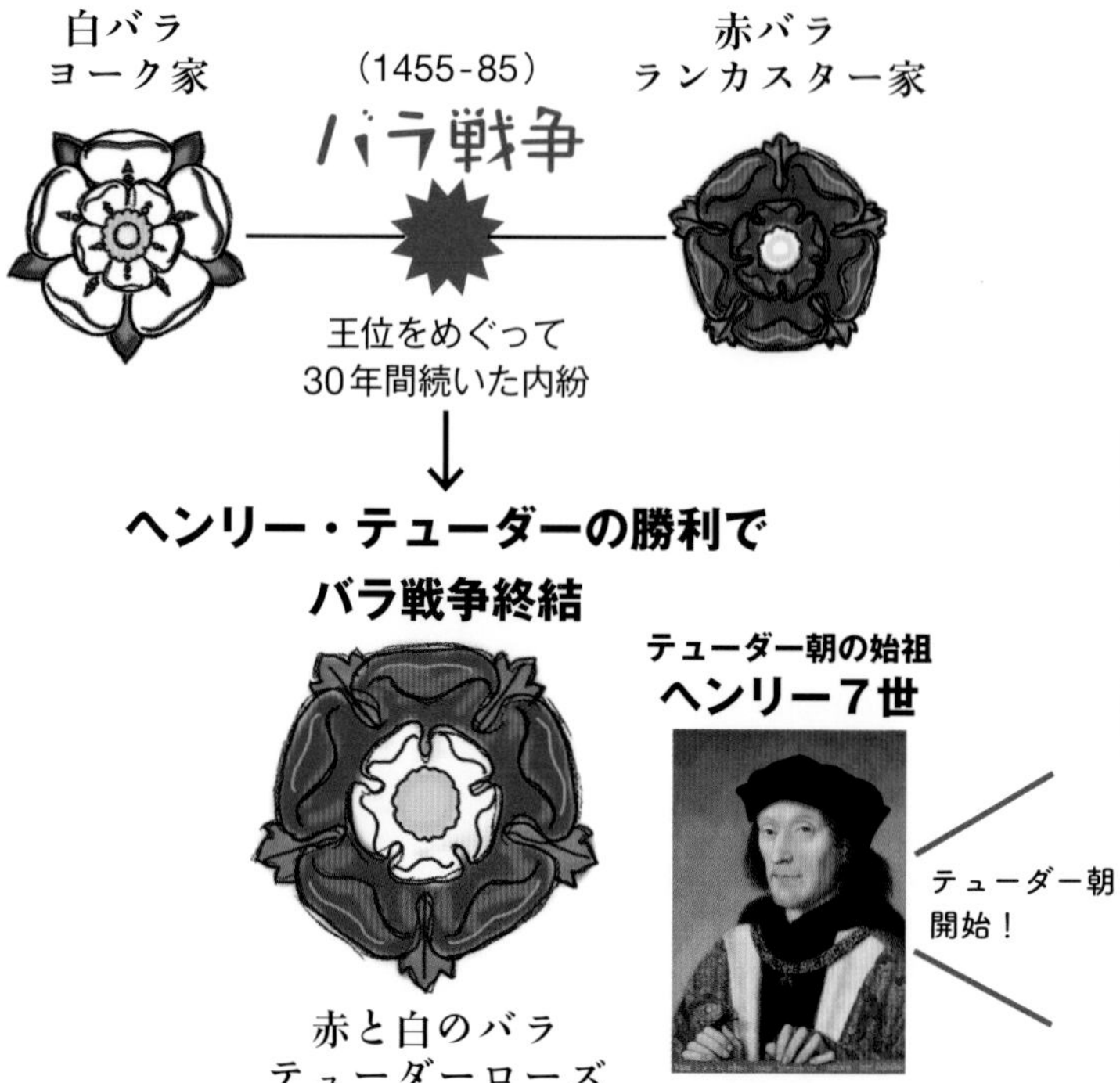

白バラ
ヨーク家
（1455-85）
バラ戦争
赤バラ
ランカスター家
王位をめぐって
30年間続いた内紛
ヘンリー・テューダーの勝利で
バラ戦争終結
テューダー朝の始祖
ヘンリー7世
テューダー朝
開始！
赤と白のバラ
テューダーローズ
ランカスターとヨーク、
両家の統一を表す

作者不詳　「ヘンリー7世」
1505-09年頃
ナショナル・ポートレート・ギャラリー
ロンドン

十一世紀半ば、イングランドはフランスのノルマンディー公ウィリアムによって統一され、ノルマン朝が始まりました。このため代々イングランド王は、フランス内に領土を持っていました。

　フランスでカペー朝が途絶えるとエドワード三世はフランスの王位継承権を主張し、一三三九年、英仏間に百年戦争が起こりました。長引く戦争に加えペストの流行などもあり、封建領主が没落し、王権が強まる下地ができます。イングランドはカレーを除くフランスの領土を失い、百年戦争は終結しました。

　イングランドの王朝の五番目に登場したのがテューダー朝です。当時イングランドは、二大強国のフランスとスペインに比べてまだ後発国でした。しかし二代目のヘンリー八世を経て、エリザベス一世の時代には急速に力をつけ、その治世は「栄光の時代」と呼ばれ、後に続く大英帝国の幕開けになったと言われます。

　百二十年足らずの期間に個性豊かな人物が多く出て、イングランドがヨーロッパの大国になってゆくこの時代は、歴史書、文学作品、映画、ドラマにと絶えずとり上げられています。

【十五世紀後半～十六世紀】テューダー朝・人物関係図

スコットランド
メアリ・ステュアート
ジェームズ1世・
ジェームズ6世
イングランド
ヘンリー7世
ヘンリー8世
ジェーン・シーモア
エドワード6世
アン・ブーリン
メアリ1世
エリザベス1世
フランス
フランソワ1世
アンリ2世
カトリーヌ・ド・
メディシス
フランソワ2世
神聖ローマ帝国
狂女ファナ
フィリップ美公
カール5世・
カルロス1世
カスティーリャ
王国
アラゴン王国
アラゴン王
フェルナンド2世
カスティーリャ女王
イサベル1世
狂女ファナ
フィリップ美公
キャサリン・
オブ・アラゴン
カール5世・
カルロス1世
フェリペ2世
スペイン
教皇領
歴代教皇（　）内在位期間
・ユリウス2世（1503-13）
・レオ10世（1513-21）
・ハドリアヌス6世（1522-23）
・クレメンス7世（1523-34）
・パウルス3世（1534-49）
・ユリウス3世（1550-55）
⋮
・ピウス5世（1566-72）
・グレゴリオ13世（1572-85）
・シクストゥス5世（1585-90）

P. 72,78

《テューダー》家系図

1485～1603

①～⑤王位継承順

♥内番号
ヘンリー8世の妻の順番

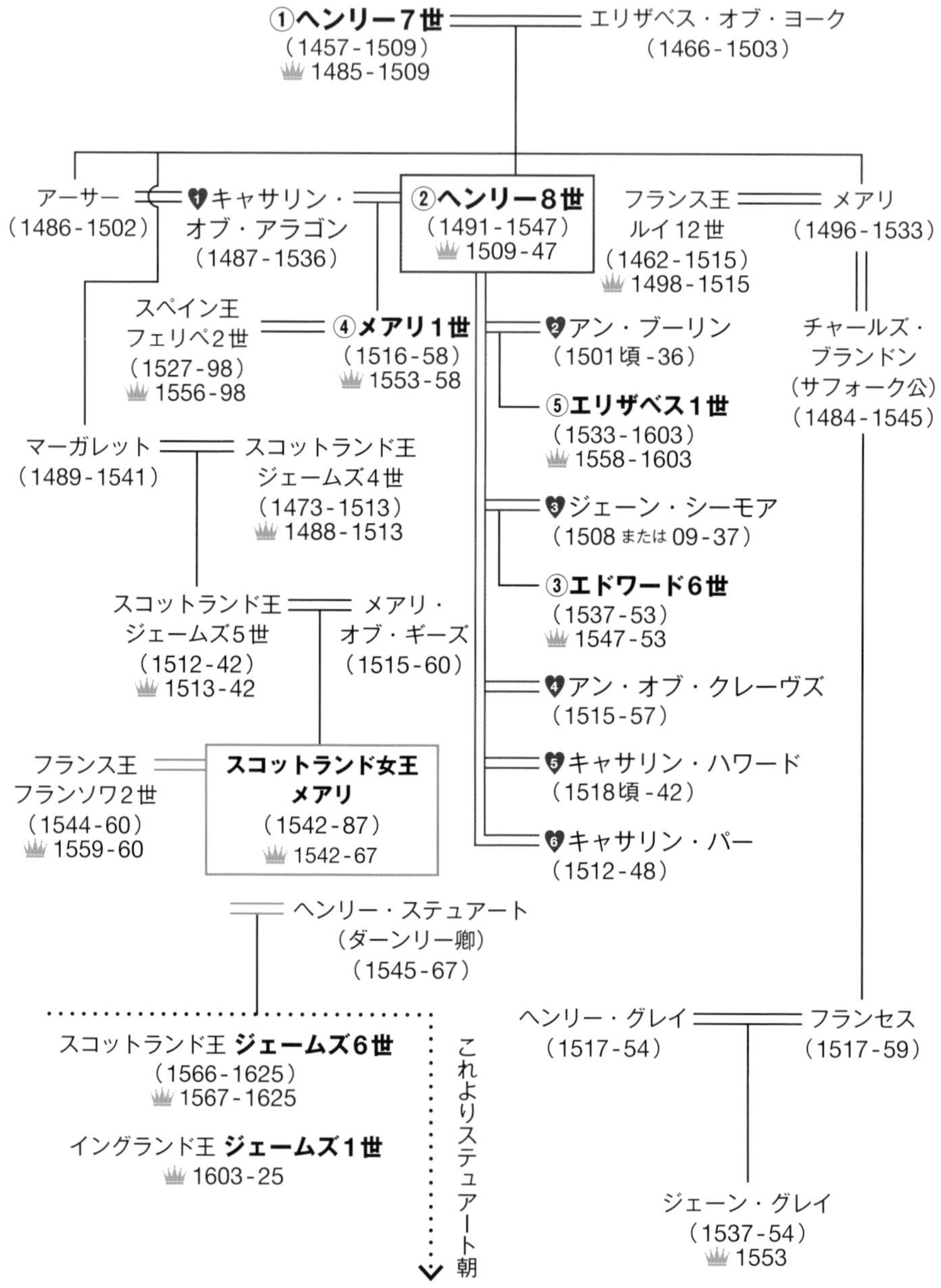
①ヘンリー7世
（1457-1509）
1485-1509
エリザベス・オブ・ヨーク
（1466-1503）
アーサー
（1486-1502）
❶キャサリン・オブ・アラゴン
（1487-1536）
②ヘンリー8世
（1491-1547）
1509-47
フランス王 ルイ12世
（1462-1515）
1498-1515
メアリ
（1496-1533）
スペイン王 フェリペ2世
（1527-98）
1556-98
④メアリ1世
（1516-58）
1553-58
❷アン・ブーリン
（1501頃-36）
チャールズ・ブランドン
（サフォーク公）
（1484-1545）
⑤エリザベス1世
（1533-1603）
1558-1603
マーガレット
（1489-1541）
スコットランド王 ジェームズ4世
（1473-1513）
1488-1513
❸ジェーン・シーモア
（1508または09-37）
③エドワード6世
（1537-53）
1547-53
スコットランド王 ジェームズ5世
（1512-42）
1513-42
メアリ・オブ・ギーズ
（1515-60）
❹アン・オブ・クレーヴズ
（1515-57）
フランス王 フランソワ2世
（1544-60）
1559-60
スコットランド女王 メアリ
（1542-87）
1542-67
❺キャサリン・ハワード
（1518頃-42）
❻キャサリン・パー
（1512-48）
ヘンリー・ステュアート
（ダーンリー卿）
（1545-67）
ヘンリー・グレイ
（1517-54）
フランセス
（1517-59）
スコットランド王 ジェームズ6世
（1566-1625）
1567-1625
イングランド王 ジェームズ1世
1603-25
これよりステュアート朝
ジェーン・グレイ
（1537-54）
1553

作者不詳　「ヘンリー７世」
1505-09年頃　ナショナル・ポートレート・ギャラリー　ロンドン

ヘンリー7世

Henry VII

（1457-1509）♛1485-1509

バラ戦争を終わらせ
平和をもたらした

ランカスター家の
傍系の出

ヨーク家の
エリザベスと結婚

絶対王政の
基礎を固めた

財政を立て直した

シェークスピアの戯曲「リチャード３世」では王位簒《さん》奪者《だっしゃ》として悪名高い俺を倒して王位についたな

←宿敵・リチャード三世

作者不詳　「リチャード3世」
16世紀　ナショナル・ポートレート・ギャラリー　ロンドン

テューダー朝の始祖ヘンリー七世はランカスター家の傍系で、もともと王位継承者ではありませんでした。しかし、ヨーク家とランカスター家の王位継承を争うバラ戦争が三十年続き、有力な王位継承者たちが次々と落命したため、ウェールズ生まれのヘンリーがランカスター側の指導者として浮かび上がりました。

　ヨーク家の国王リチャード三世は、兄エドワード四世が亡くなったあと、正当な王位継承者で甥のエドワード五世を弟と共にロンドン塔に幽閉して即位したとして、王位を簒奪《さんだつ》した（むりやり奪った）者と呼ばれていました。（P.82）

　ヘンリー七世は、そのリチャード三世をボズワースの戦いで破ってバラ戦争を終わらせ、テューダー朝を開きました。しかし、ヘンリー七世の王位継承の正当性を疑う者も多くいたため、敵だったヨーク家のエリザベスと結婚し、統一をアピールしました。

ヘンリー8世

Henry VIII

（1491 - 1547）♛ 1509 - 47

当初は熱烈なカトリックだった

ローマ教会から離脱し
英国国教会を設立

頭脳明晰

若い頃はハンサム

残忍で横暴

6回の結婚

情け容赦なし

190 cm を超える巨軀

強いカリスマ性

晩年は胴回り137 cm を
超える超肥満体に

妻2人を処刑
寵臣も2人処刑

46歳位

ホルバイン（子）「1537年のヘンリー8世」
1537年頃　ティッセン＝ボルネミッサ美術館
マドリード

56歳位
（晩年）

マセイス 「ヘンリー8世」 1548年
ナショナル・ポートレート・ギャラリー ロンドン

父ヘンリー7世

母エリザベス・オブ・ヨーク

ホルバイン（子）の追随者　「ヘンリー8世」　1537年以降
ウォーカー・アート・ギャラリー　リヴァプール

国と教会の両方を支配する
絶対君主！

望みを叶えるためなら、かつて寵愛した者も迷わず斬首 神をも恐れぬ、恐るべき専制君主

ヘンリー8世の6人の妻

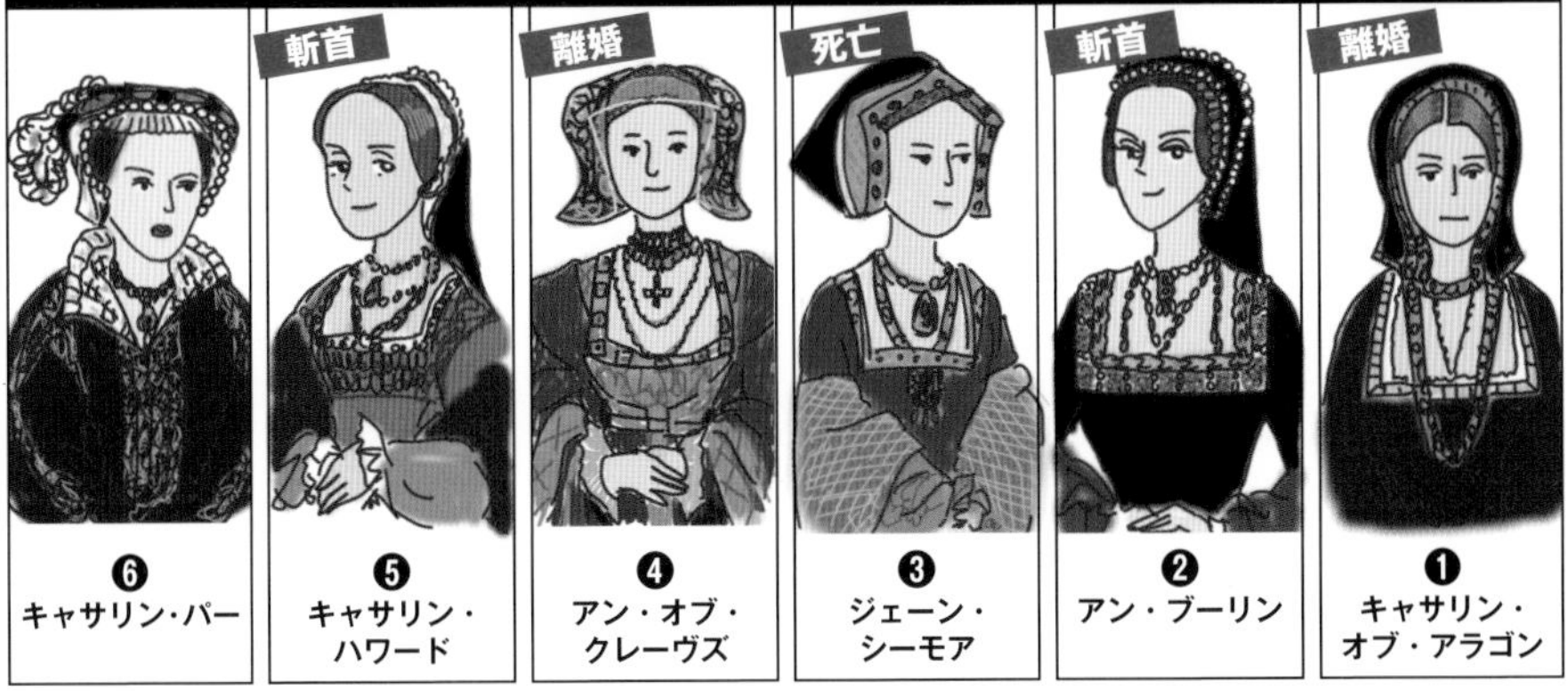

離婚
❶ キャサリン・オブ・アラゴン
斬首
❷ アン・ブーリン
死亡
❸ ジェーン・シーモア
離婚
❹ アン・オブ・クレーヴズ
斬首
❺ キャサリン・ハワード
❻ キャサリン・パー

ヘンリー八世　恐怖の専制君主

シトウ　「キャサリン・オブ・アラゴン」
1503年頃　美術史美術館　ウィーン

15歳

イングランド王太子
アーサー
（1486-1502）

1501年結婚

14歳

22歳

夫アーサーの死後
８年間、イングランドに
留め置かれて再婚

ヘンリー8世の
最初の妻

スペイン王女
キャサリン・オブ・アラゴン
（1487-1536）

1509年結婚

18歳

ヘンリー8世
（1491-1547）

ヘンリー8世の愛人アン・ブーリンの登場で運命が狂わされ、離婚された2年後に不遇のまま世を去った。信仰心の篤い人格者で宮廷や国民からは愛された

アラゴン・カスティーリャ王国（スペイン）

フェルナンド2世 ＝ イサベル女王

- フアン（1478-97）
- 狂女フアナ（1479-1555）
- キャサリン・オブ・アラゴン（1487 - 1536）

武力で王権を得たヘンリー七世は、王位継承の正統性と権威を高めるため、嫡男アーサーの妃に当時勢いを増していたスペインから王女キャサリンを迎えました。

ところが、期待のアーサーは婚礼後すぐに十六歳で死去。本来ならキャサリンをスペインへ帰すのですが、ヘンリー七世はそうはせず、次男ヘンリーの妃にしようとしました。

しかし「兄嫁と弟が結婚」することは教会法で禁じられていたため、教皇の特別免除が必要でした。八年後、ヘンリー八世はやっとキャサリンと結婚しましたが、これが後々、イングランドの行く末を大きく左右する火種となりました。

レビ記（二十―二十一）

「兄弟の妻をめとる者は、
汚らわしいことをし、
兄弟を辱めたのであり、
男も女も子に恵まれることはない。」

1 最初から波乱含みで始まった結婚生活だったが、ヘンリー八世とキャサリンは夫婦仲も良く、長女メアリも生まれ、最初の十年は平穏だった。

結婚7年目の
1516年 メアリ誕生
デレ
デレ
後のブラッディ・マリー

2 しかし、妊娠はしても流産、死産が続き、嫡男を得られないことにヘンリーはあせり始めた。

あなた
ごめんなさい…
王子様でしたがお亡くなりです…
イラ
フン!

3 そんな折、フランス仕えから帰国しキャサリン付きの宮廷女官になったアン・ブーリンが、ヘンリー八世の目にとまった。

ヘンリー35歳
1527年頃
アン
26歳位
だ、誰じゃあれは!!
Fall in Love!

アンは、外交官の父トマス・ブーリンによって、当時ヨーロッパで最も文化水準の高かったブルゴーニュ公国の総督マルガレーテ（P. 28）の宮廷で教育を受け、その後フランスの宮廷でクロード王妃の侍女として九年ほど仕えていた。

4 ヘンリー八世から熱烈な求愛を受けたアンは、キャサリンとの離婚、そして自分との正式な結婚を要求した。

愛人の立場は絶対イヤ!
わかったよ~
なんとかするよ~
バシッ

作者不詳　「アン・ブーリン」　16世紀後半
ナショナル・ポートレート・ギャラリー　ロンドン

アンは、同じようにヘンリー八世の愛人になったが、すぐに捨てられた姉メアリの二の舞にはならないと固く決心していた。

5 ローマ＝カトリック教会は離婚を認めていないので、ヘンリー八世は、そもそも「兄の妻との結婚」は聖書の教義に反しているから、この結婚は無効だったとしてほしいと教皇に訴えた。

えーっあなた今さら何言うの⁉
そんなっ
お前との結婚は無効！
神の怒りに触れているから男子が生まれないんだ‼
メアリ10歳
聖書に反しているなんて、良心の呵責に堪えられない！
ウルジ‼ 教皇の許可をなんとしてでも取り付けるのだ！
ハ、ハイッ
↑ヘンリー８世の寵臣で外交を得意とした枢機卿トマス・ウルジ

6 しかし、様々な国際的な政治事情がからみあい、教皇は「結婚の無効」および「アン・ブーリンとの結婚」を認めなかった。

許可取ってこなかったらお前なんか首だ‼
お願いお願い
でないと私ほんとに首切られちゃうっ！
トマス・ウルジ
ムリムリ
できません
クレメンス7世↓
キャサリンの甥のスペイン王兼神聖ローマ皇帝カール５世との関係悪化を恐れる
おいっ！ヘンリー、何言ってんだっ！
教皇、絶対許すな‼

教皇との交渉に失敗したウルジは失脚し、その後大逆罪で逮捕され、ロンドンに護送中に没。

7 ウルジ失脚後、大法官（官僚のトップ）となった思想家トマス・モアはヘンリー八世の信任も篤かったが、教皇の許可なき離婚、アン・ブーリンとの結婚、国王至上法（国王をトップとする国教会の創設）を認めなかったため処刑された。

そちはわしとアンの結婚と国王至上法を認めるよね？
いいえ、
認められません
当時、最高の人文学者で法学者、思想家
トマス・モア
ぬわんだとぉぉ
死刑！
ズシャ

熱心なカトリック信者だったトマス・モアは一九三五年に列聖された。

ヘンリー八世の結婚・離婚に翻弄され続けた三人の寵臣トマス

教皇との交渉に失敗！失脚！

王の心変わりは恐ろしい…〜
処刑を予見しおそらく服毒自殺

トマス・ウルジ

（1475-1530）

ヘンリー８世の治世前半、王の信頼が最も篤く聖俗共に権勢を誇った。食肉業者の息子。オックスフォード大学を出て聖職の道に。外交に強く、イングランドの政治を取り仕切った。枢機卿、教皇特使を経て教皇の座を狙うまでになったが突如失脚し、死亡した。

WOLSEY

作者不詳　「トマス・ウルジ」　1585-96年頃
トリニティカレッジ　ケンブリッジ

王の空しい喜びを満足させるためにあんなに働いたのに…

反逆罪で処刑！

著書「ユートピア」、おもしろいヨ
ユートピア

トマス・モア

（1478-1535）

ヘンリー８世の宗教的ブレーン。思想家、政治家、法律家、人文学者。エラスムスの親友。王の信任篤く、大法官にまで上り詰めるも、王が進める「離婚」「国王至上法」に頑なに反対。反逆罪に問われ処刑された。

ホルバイン（子）　「トマス・モア」　1527年
フリック・コレクション　ニューヨーク

国王のしもべであっても、まず神のしもべです

結婚相手選びに失敗！処刑！

プロフィール写真はあんまり盛らない方が身のためだよ

トマス・クロムウェル

（1485-1540）

貧しい庶民の出、外国を遍歴したのちウルジの下で頭角を現す。ヘンリー８世の側近となってからは国王の「離婚」実現のために奔走。教会改革を次々に断行する。4度目の国王の結婚問題で寵愛を失い、処刑された。

ホルバイン（子）　「トマス・クロムウェル」　1532-33年
フリック・コレクション　ニューヨーク

希望は私のおかげで全て叶えられたでしょうに…

ヘンリー八世の時代は、ローマ＝カトリック教会を批判する宗教改革が始まり、ヨーロッパ中が大混乱に陥った激動の時代だった。

イングランドにもルターの思想に影響を受け、教会を批判する人々が現れたが、ヘンリー八世だけは全く別の理由から独自の宗教改革を断行しようとしていた。

ヘンリー八世が望んでいたのは、キャサリン・オブ・アラゴンとの「結婚無効」、そのうえでアン・ブーリンとの「結婚」だった。当初は枢機卿ウルジを遣い、ローマ教皇の許可を取り付けようとしたが、失敗。

ウルジ失脚後、側近となったクロムウェルと、一五三四年に首長法（国王至上法）を議会で可決させ、ローマ教皇に代わって国王をイングランド教会の首長とする「国教会」を創始。

修道院を解散させ、財産を没収するなど、次々と独自の教会改革を行っていった。

その結果、イングランド国王は教皇の許可なく離婚、結婚ができるようになり、ヘンリー八世はアン・ブーリンと結婚した。

8 七年もかけて強引にアンとの結婚を実現したヘンリー八世だったが、生まれた子は女の子だった。その後も死産が続き、ヘンリーは次第にアンを憎むようになった。

次は必ず男の子を産みます！
エリザベス
男子が生まれないのだ〜
42歳
なぜだ〜なぜ
信じられん!!
ここまでしてこの女と
結婚したのになんてことだ〜

1536年

9 寵愛を失ったアンは、姦通罪に問われ有罪となり、姦通を疑われた五人の男性（兄一人を含む）と共に、処刑された。

私は何も罪は犯していません！

10 アンが処刑された翌日、ヘンリーはアンの侍女だったジェーン・シーモアと婚約、十日後に結婚式を挙げた。

今度こそ グフフ

1537年

11 ジェーンはついに待望の男の子を出産した。彼は後のエドワード六世となった。

ついに息子が…
いやった〜
46歳
よ、よかった

ヘンリーが最も愛したと言われるジェーンはこのお産が原因で亡くなった。

ホルバイン（子）「ジェーン・シーモア」 1536-37年頃 美術史美術館 ウィーン

12 ヘンリーはジェーンの死から半年後、クロムウェルがお膳立てしたドイツのクレーヴ公爵家のアンと婚約。一五四〇年一月、結婚した。

当時最高の肖像画家ホルバイン(子)
こ、この絵が
アダに…

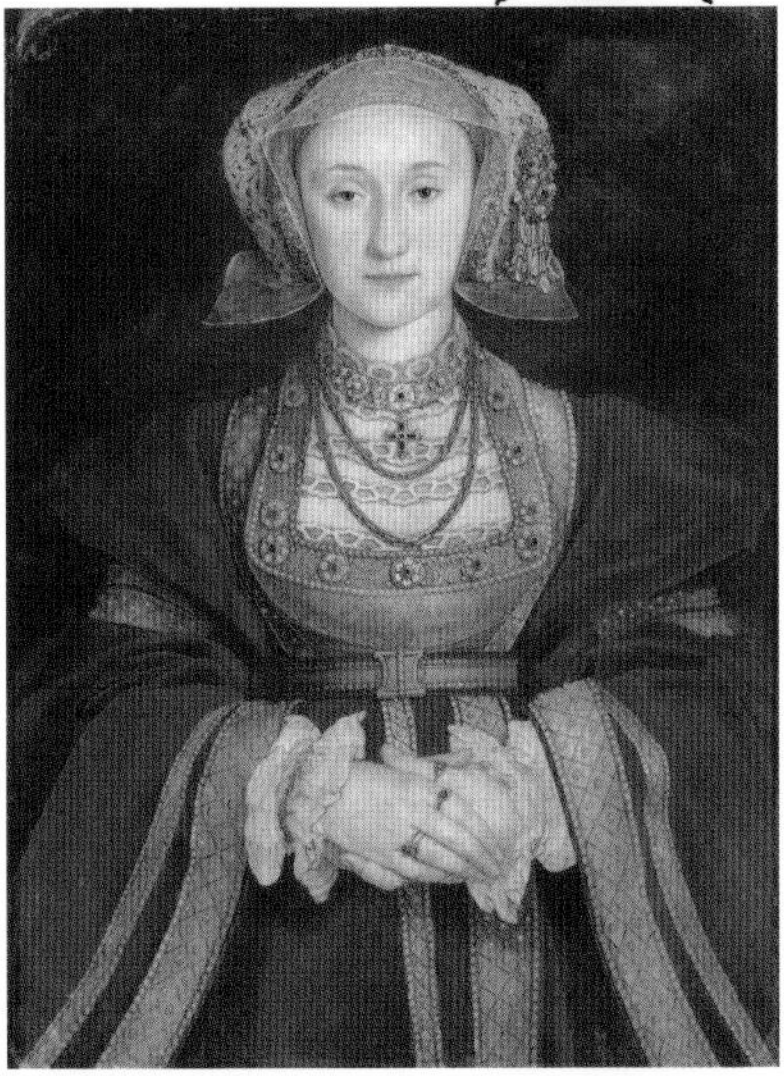

ホルバイン（子）「アン・オブ・クレーヴズ」
1539年　ルーヴル美術館　パリ

感じのいい美人だ
でかした。この話進めろ
49歳
かしこまりました
トマス・クロムウェル

13 しかし実物が肖像画と全然違うと激怒！半年後、夫婦の契りが結べなかったことを理由にこの結婚は無効とされた。

全然ちがうじゃないか！
グエ〜
ウググ…

クロムウェル　　ホルバイン（子）

14 クロムウェルはこの結婚の失敗の責任を問われ、処刑された。

王命でわざと苦痛を増すために切れにくい刃で処刑されたとも……
ア、アレ〜
なかなか切れないっ！
1540年7月28日

15 クロムウェルを処刑したその日に、ヘンリーはアン・オブ・クレーヴズの侍女だったキャサリン・ハワードと結婚した。

アン・ブーリンのいとこで、
ヘンリーよりも30歳も年下

ホルバイン（子）「キャサリン・ハワード」
1540年頃　ロイヤルコレクション　ロンドン

ヘンリーは若いキャサリンを溺愛したが、キャサリンは結婚後も異性関係が絶えず、不貞の罪に問われ処刑された。

デレデレ
51歳
王の宝石よ！
王妃様は他の男性と…
なにィ
裁判もなしで
処刑
1542年2月13日

16 一五四三年、ヘンリー八世は六番目にして最後の妃キャサリン・パーを迎えた。彼女は慈愛に満ちた人格者で、ずっと庶子として冷遇されてきたメアリとエリザベスに温かく接し、エドワードに一流の家庭教師をつけるなど養育に気を配った。

作者不詳　「キャサリン・パー」
16世紀後半　ナショナル・ポートレート・ギャラリー　ロンドン

17 さらにキャサリンはヘンリー八世を説得し、メアリとエリザベスの王位継承権を復活させた。

18 ヘンリー八世は晩年、増加した体重と足にできた腫瘍などが原因で歩くこともままならなくなり、床に臥したが、キャサリンは献身的に世話をした。

19 一五四七年一月二十八日、ヘンリー八世は世を去った。享年五十五。死から三日後、九歳のエドワード王子が、エドワード六世として即位した。

↓エドワード王子を後継に指名するヘンリー８世

←窓の外では次期王・エドワードが改革派（プロテスタント）なので、聖画像を破壊している

→力を失った教皇と逃げ惑うカトリックの聖職者たち

作者不詳　「ヘンリー８世とエドワード６世と弾圧される教皇」　1570年頃
ナショナル・ポートレート・ギャラリー　ロンドン

エドワード6世

1 王位についたもののエドワード六世はまだ幼く、常に側近たちが政治の実権を握っていた。そして即位からわずか六年後に十五歳で死去。

とても聡明な子だったらしい
おそらく 結核
改革派
おい〜
まずいぞ〜
ですな…

2 次期王位継承者のメアリが熱狂的なカトリック信者だったため、それまで実権を握っていた改革派は一掃されることを恐れ、ヘンリー七世のひ孫のジェーン・グレイを担ぎ出した。

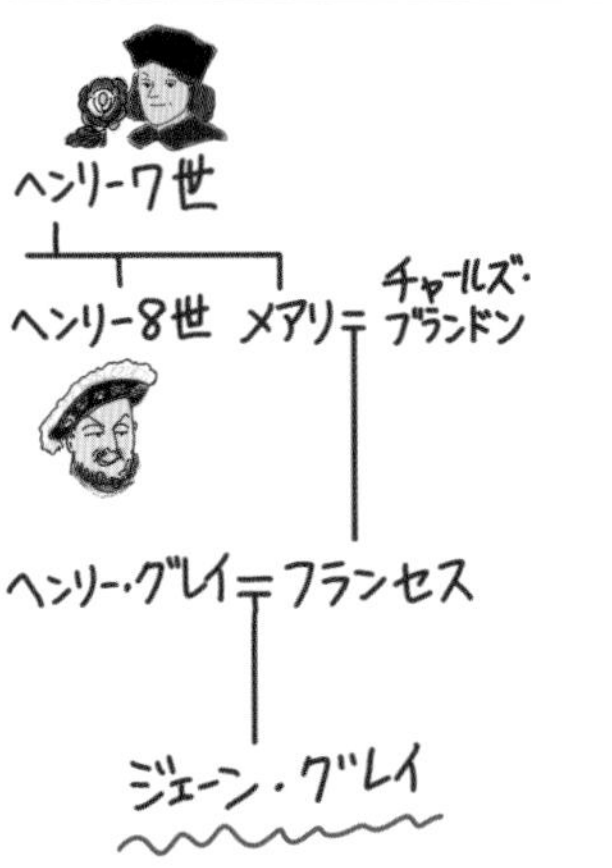

ヘンリー7世
ヘンリー8世
メアリ
チャールズ・ブランドン
ヘンリー・グレイ
フランセス
ジェーン・グレイ

3 結局この企みは失敗しメアリに軍配が上がった。九日間だけ女王だったジェーン・グレイは、運命に翻弄されるまま断頭台の露と消えた。

わけがわからないままだったわ…

まだ十六歳だった。

なんでこんなことに？

ドラローシュ　「レディ・ジェーン・グレイの処刑」　1833年
ナショナル・ギャラリー　ロンドン

4 一五五三年十月、メアリ一世の戴冠式が行われた。最初にメアリ一世はカトリック復古の宣言をし、この時より改革派への弾圧が始まった。

やっと私の出番ね
母を追いやった原因のアン・ブーリンを憎んで育った
故にアン・ブーリンの娘の妹エリザベスにも複雑な気持ちを抱えていた
37歳で即位
スペイン王家の母キャサリン・オブ・アラゴンの影響で熱烈なカトリック信者
メアリ1世

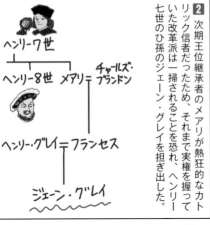

宮廷画家 ハンス・ホルバイン（子）

結局ヘンリー８世はローマ＝カトリック教会を離脱しちゃったからミッションは不成功に終わったんだけどね…

我々は仏王フランソワ１世の命を受け、ヘンリー８世に「我々はアン・ブーリンとの結婚を支持している。ローマ＝カトリック教会とけんか別れにならないように協力するよ」と伝えに来た外交官だよ

意味深にのぞく磔刑像

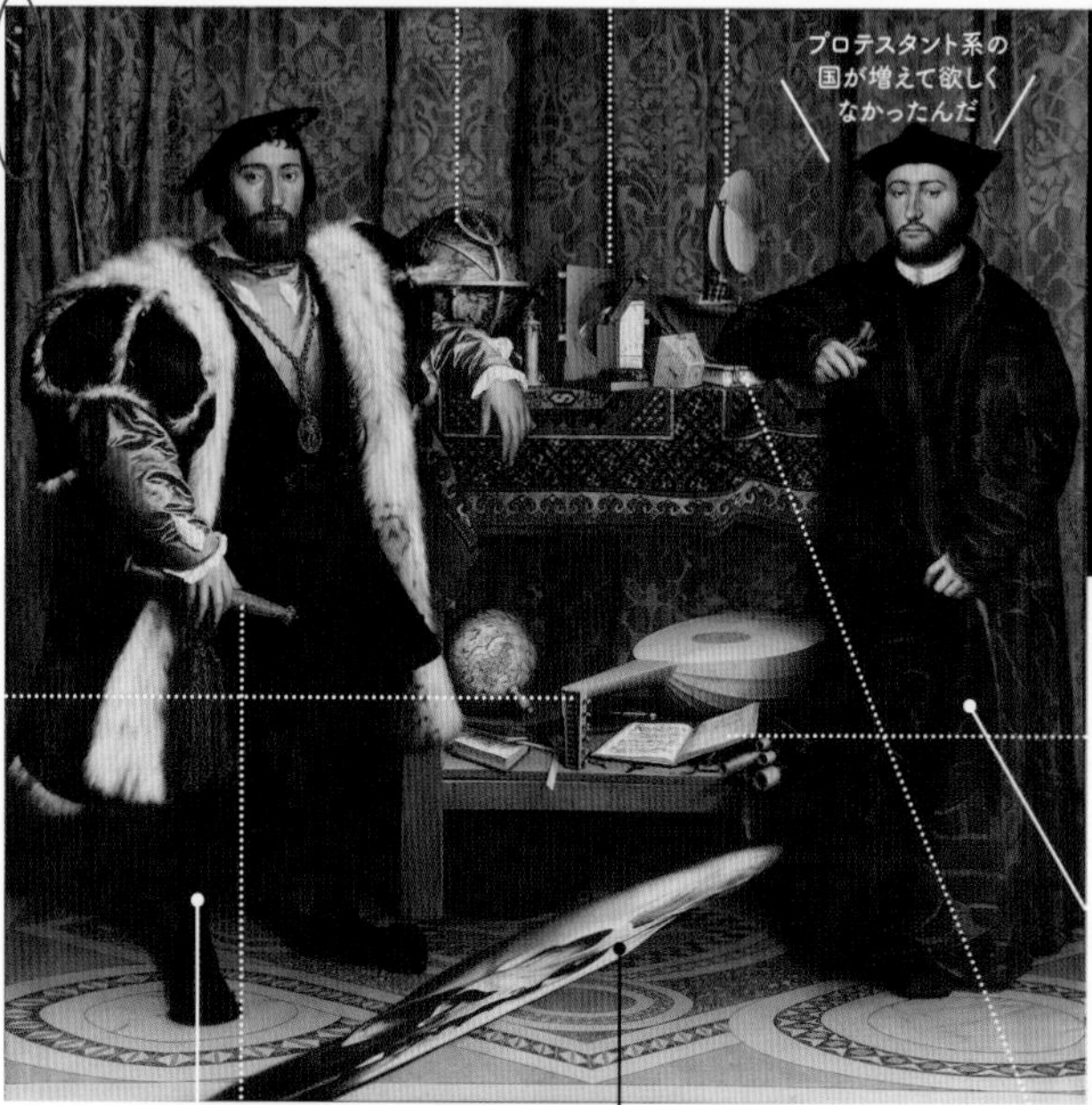

名作「大使たち」

1533年
ナショナル・ギャラリー
ロンドン

2人の知性の高さを示す天文学と航海術の器械などいろいろ

プロテスタント系の国が増えて欲しくなかったんだ

リュートの弦が一本切れている＝はかなさの象徴

ルター訳
ドイツ語版讃美歌集

ラヴォールの司教
ジョルジュ・ド・セルヴ
25歳↓

ポリジーの領主
ジャン・ド・ダントヴィル
29歳→

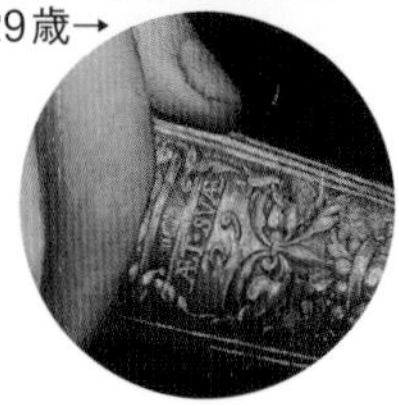

キャンバスに顔を近づけ右上から、もしくは左下から見ると「ドクロ」が浮かび上がる「歪像《わいぞう》画法」という技法で描かれている

私はドイツ出身です

ハンス・ホルバイン（子）（1497または98 - 1543年）

ドイツ、アウクスブルク生まれ。
当時、文化の中心地であったバーゼルで裕福な市民をパトロンに持ち、宗教画や肖像画で成功した画家だった。しかし、ドイツで始まった宗教改革は聖像を否定する立場をとったため、宗教画の注文が激減。1526年、ホルバインは新天地を求めてロンドンに渡り、1536年よりヘンリー８世の宮廷画家になった。

肖像画の名手ホルバイン（子）が描き出した当時最高の人文学者たち

ヨーロッパをまたぐ文化人のネットワーク

エラスムスはロンドンの私の家に
滞在中に『痴愚神礼讃』を
１週間程度で書き上げたんだよ

「トマス・モアの肖像」　1527年
フリック・コレクション　ニューヨーク

トマス・モア（1478-1535）

イングランドを代表する人文学者。代表作は『ユートピア』。ローマ＝カトリック教会の腐敗を批判したが、カトリック派であることは生涯揺るがなかった。

私がホルバインに
友人トマス・モアを紹介し、
ロンドン行きの手助けをしたよ

「エラスムスの肖像」　1528年　ルーヴル美術館　パリ

デジデリオ・エラスムス（1466-1536）

ネーデルラント生まれ。16世紀最大の人文学者。ローマ＝カトリック教会の腐敗を激しく風刺した代表作『痴愚神礼讃』は宗教界に衝撃を与え、宗教改革に多大な影響を及ぼした。

期待の王子エドワードの幼少期

「エドワード6世」　1538年頃
ナショナル・ギャラリー
ワシントンD.C.

わしはホルバイン（子）を大変気に入っておったんだが、「アン・オブ・クレーヴズ」の件で失脚し、残念じゃ

「エラスムスが産んだ宗教改革という卵をルターがかえした」なんて言われるけど、私は、宗教改革には否定的で、後年ルターとは対立したんだよ

「1523年のエラスムス」　1523年
ナショナル・ギャラリー　ロンドン

ブラッディ・マリーの願いは叶わず…

1 早く世継ぎを産み、王権を盤石なものにしたいメアリ一世は、願ってもない相手、母親の実家スペイン王国の王太子フェリペ（後のフェリペ二世）と結婚することにした。

乗馬、レスリング、弓術が得意さ
24歳

ティツィアーノ「軍服姿のフェリペ2世」1551年頃　プラド美術館　マドリード

←メアリは肖像画の貴公子フェリペに夢中になった

38歳

モル「イングランド女王メアリ1世像」1554年　プラド美術館　マドリード

結婚期間内は女王の夫は「王」の称号を得るけど何らかの形で婚姻関係が解消したら「王」は全ての権限を失います

メアリ一世は結婚前に「女王の夫には実権は一切なく、国務に口をはさむことも任命権もない」とする法案を成立させ、女王が絶対的な権力を持つことをはっきりさせた。

2 しかし、国民はこの結婚によってイングランドがスペインに乗っとられかねないと大反対。全国で反乱の動きが出始めた。そして一五五四年にワイアットの乱が起き、それに加担したと疑われたエリザベスは、ロンドン塔に監禁された。

私は断じて加担してません！

一度くぐったら二度と生きては戻れないと言われる「反逆者の門」をくぐったエリザベスだったが、二カ月の尋問に耐え抜き、証拠不十分で釈放となった。

あ、あぶなかった…

3 一五五四年七月、メアリ一世と王太子フェリペの結婚式が行われた。

→十一歳も年下の夫

イーワース　「スペイン国王フェリペ2世とイングランド女王のメアリ１世」　1558年
ウォーバーン・アビー

4 メアリ一世はカトリック体制の復帰を推し進めた。「異端処罰法」を復活させ、プロテスタントたちを次々と火刑に処した。

Receiue my spirit.

火あぶりにされる
クランマー元カンタベリー大司教

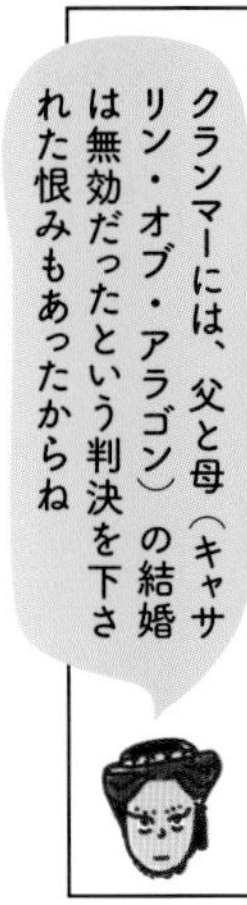
クランマーには、父と母（キャサリン・オブ・アラゴン）の結婚は無効だったという判決を下された恨みもあったからね

5 メアリ一世は結婚後すぐに妊娠の兆候を示した。しかし、臨月になっても子供は生まれず、想像妊娠だったことがわかり、フェリペはメアリの元から去ってしまった。

う～～
生まれる
しかし生まれませぬな…
行かないで～～
フンッ なんて恥さらしな… 私はもうおいとまさせていただく！

妊娠の兆候は、卵巣嚢腫《のうしゅ》が引き起こした症状だったと見られる

一五五六年、フェリペはスペイン王に即位しフェリペ二世となった。

6 メアリとフェリペ二世の間についに子供は生まれなかった。一五五八年十一月十七日、メアリ一世は四十二歳で死去した。わずか五年の在位だった。

カトリックの信仰を守り 未払いの使用人の給料を支払うなら エリザベスを王位継承者に指命する…
はっ おおせのままに！

おそらく卵巣がんのため死去

二年前、フェリペ二世に強いられて出兵したフランスとの戦いに敗れ、フランスの唯一の領地だったカレーも失い、失意のうちの死だった。

私が死んだら胸を切り裂いてください。カレーという文字が記されているでしょう
はっきり言って散々な人生だったわ…

王位継承者を巡る宮廷抗争は「カトリックかプロテスタントか」

エドワード6世
プロテスタント
勝利
メアリ1世
カトリック
9日間女王
ジェーン・グレイ
プロテスタント
VS
勝利
エリザベス1世
プロテスタント
スコットランド女王
メアリ・ステュアート
カトリック
VS
（保守派）
カトリックか
プロテスタントか
（改革推進派）

争点は常に、次の後継者がカトリックかプロテスタントかでした。

ヘンリー八世がローマ＝カトリック教会から独立するために創設した国教会は表向きはプロテスタントでした。しかし、王自身は元々は熱心なカトリックで、民衆の多くも依然カトリックが多かったため、教義、祭儀はカトリックのままだったりと曖昧でした。

プロテスタント派が立てたジェーン・グレイを退け、カトリックのメアリ一世が即位したため、イングランドはカトリック国に戻るかと思われましたがその治世は短く、継いだのは、プロテスタントのエリザベス一世でした。諦められないカトリック派は、スコットランド女王でカトリックのメアリ・ステュアートを利用し、なんとか実権を握ろうと陰謀を企て続けました。

エリザベス一世誕生

メアリ一世の死去に伴い、エリザベス一世が即位した。非常にレベルの高い教育を受け、高い知性と冷静かつ強靭な忍耐力を持つ君主の誕生だった。

25歳

私の肉体は一つですが、神のお許しにより、世を治める政治的なもう一つの肉体を持つ身となりました

石井美樹子『エリザベス』

作者不詳
「エリザベス女王」
1610年頃のオリジナルのコピー
ナショナル・ポートレート・ギャラリー　ロンドン

1 エリザベスは、「議会がエリザベスを君主に推挙した」という知らせを受けた。

議会は満場一致でエリザベス様の即位を承認いたしました
これは主の御業《みわざ》、私たちの目には驚くべきこと（詩編118／23）

2 国民はプロテスタントの女王の誕生を歓迎した。

エリザベス1世

Elizabeth I

（1533-1603）
♛ 1558-1603

私の夫は
イングランドです

25歳で即位

鉄の意志と不断の実行力を
兼ね備える
生まれながらの君主

超・頭脳明晰

大理石のように
白く
透き通った肌

整った顔立ち

臣下を
大切にする

戦争や処刑は
好まない

感情の起伏が
激しい

のらりくらり、
とぼけるのが得意

ここぞという時に
冷静沈着で賢明な判断を下せる

2歳の頃、母が姦通罪で
処刑される

幼少期は着るものにも
不自由するほど不遇な環境だった

6歳にして完璧な
宮廷の作法を身につけていた

継母
キャサリン・パーへの
感謝を忘れない

フランス語、
イタリア語は
母語レベル

ラテン語、
ギリシア語も
お手のもの

音楽、乗馬、
ダンスも巧み

芝居が大好き

演説上手

お世辞が大好き

イケメン、年下に弱い

晩年はうつ病に苦しむ

イングランドを一流の海洋国家に押し上げ、独身を貫いたテューダー朝最後の女王

父ヘンリー8世

母アン・ブーリン

52歳頃

シーガーまたはガワー 「エリザベス１世のエルミンの肖像」
1585年頃 ハットフィールド・ハウス ロンドン近郊

40歳頃

ヒリアード 「エリザベス女王１世の肖像」
1573-75年頃 ウォーカー・アート・ギャラリー
リヴァプール

マントに「目」や「耳」の模様が！女王は何でもお見通しの意味

67歳頃

オリバーに帰属
「エリザベス１世の虹の肖像」 1600-02年頃
ハットフィールドハウス ロンドン近郊

エリザベス一世の寵臣

ムーア人
浅黒だったもんでね
精霊
貴族の出ではなかったが才覚一つで国政のトップに
エリザベス一世がつけたあだ名
お目々ちゃん
諜報機関担当
フランシス・ウォルシンガム
エリザベスの命を守る係
懐刀
ウィリアム・セシル
エリザベス治世の中心
LOVE 担当
ロバート・ダドリー
常にエリザベスの一番そばにいる

1 エリザベス一世はまず政治の要《かなめ》である枢密院の人員削減に着手。最適な人材を最小限の人数で起用した。エリザベスはウィリアム・セシルを枢密委員ならびに国務長官に任命した。

生涯にわたってエリザベスに忠義を尽くした忠臣の中の忠臣

ウィリアム・セシル
（1520-98）

ゲーラーツ（子）に帰属 「初代バーリー男爵ウィリアム・セシル」 1585年以降
ナショナル・ポートレート・ギャラリー ロンドン

私とこの国のために骨を折ってください。私は、あなたが汚職にまみれることなく、国家に忠誠を尽くすと信じています。私の意思に逆らってでも、国家のために最上と思う助言をするでしょう…

石井美樹子 『エリザベス』

この人選は誰もが納得
おお～
パチパチ
ありがたきお言葉…このウィリアム生涯をかけてお仕えいたします
本当にこの日から四十年全うした

2 もう一人、エリザベスの側近中の側近にロバート・ダドリーがいた。彼は女王を護衛する王室馬寮長《マスター・オブ・ザ・ホース》に任命された。

エリザベスの幼なじみで恋人だった

ロバート・ダドリー
（1532-88）

女王の寵愛を一身に受け、枢密委員以上の力を持つ

エリザベス1世と同じ時期、ロンドン塔に収監されていたことも

作者不詳　「レスター伯ロバート・ダドリー」
1564年頃　ワデスドンマナー
バッキンガムシャー

女王は飛びはねるダンスが大好きで♪
いつもダドリーを相手に踊った

まもなく、セシルが憂うほどにエリザベスとダドリーの仲は親密なものになっていき、「二人は本当に結婚するのでは」と噂された。そんな折ダドリーの妻が変死。妻殺しの嫌疑がダドリーにかかった。そんな男と女王が結婚できるはずもなく、妻が死んだことで逆に二人の結婚は永遠に叶わなくなった。

3 さらに重要な側近に諜報部門を担うフランシス・ウォルシンガムがいた。彼は幾度となく陰謀からエリザベスを守った。

秘密警察長官・スパイ機関の凄腕のボス

フランシス・ウォルシンガム
（1532頃-90）

デクリッツ　「フランシス・ウォルシンガム卿」
1585年頃　ナショナル・ポートレート・ギャラリー　ロンドン

元々敵のスパイだったがウォルシンガムが懐柔して逆に送り込んだ
二重スパイのチャールズ・パジェット
寝返っちゃった
暗号解読の達人トマス・フェリップス
なんでも読みます
まるで必殺仕事人
スゴ腕の仲間たち
全く油断も隙もないのだ
開けても
元通り!
開封した痕跡を跡形もなく消し去り再封印する天才
アーサー・グレゴリー

エリザベス一世の治世

独身を貫く覚悟を表明

最初の議会で女王の結婚問題が論議された。エリザベス一世に、一刻も早くイングランド人と結婚するよう嘆願することを決議した。

どうか1日も早くご結婚を！

私はすでにイングランドと結婚し夫を持つ身となりました。イングランド国民すべてが私の子供。後継者は神様が国のためになる人物をお授けくださいましょう

石井美樹子『エリザベス』

否
誰と結婚したってろくな事がない黒歴史を知らんのか

エリザベスは即位当初より、独身を貫くことを決意していたのだった。

宗教改革問題は中道政策

エリザベス自身はプロテスタントだったが、カトリックを過激に迫害することはせず、共存政策をとった。

- メアリのカトリック体制を廃止
- 国王至上法を復活し、国王を統治者とする国教会を再建
- 公にはカトリックのミサは禁止。（ただし私的な礼拝は可）

基本はプロテスタント
決めた
ローマ＝カトリック教会とは断絶する
でも過激なカトリック弾圧はしないわ
破門だ!!
1570年 by ピウス5世
破門っ!!
1587年 by シクストゥス5世
2回も破門されたが全く気にしない

経済面では貨幣の質を改善し、国際貿易を進めた

エリザベスの即位当時、急激な物価上昇が国民を苦しめていた。原因はヘンリー八世が貨幣の質を下げたためだった。エリザベス一世の財務顧問グレシャムが改鋳を進め、英貨ポンドの評価を上げることに成功。国の特許状を与えられた商人たちは会社を立ち上げ、長距離貿易に進出した。

女王は私の進言をお聞き入れくださり、任せてくださった

·1544·
THOMAS
GRESHAM
LOVE SERVE AND OBEY

トマス・グレシャム
（1519？～79）

エリザベス女王に仕え経済政策を担った。ロンドンに為替取引所を設立。グレシャムの法則「悪貨は良貨を駆逐する」で有名。

作者不詳 「トマス・グレシャム26歳の肖像」 1544年 マーサーズ・カンパニーのコレクション

スコットランド女王メアリ・ステュアート

Mary Stuart

（1542-87）
1542-67

ヒリアード　「メアリ・スチュアートの肖像画」　1578年　ナショナル・ポートレート・ギャラリー　ロンドン

5歳から
フランスで育つ
約1年間だけ
フランス王妃
男を見る目なし
愛人と共謀し
夫を殺害
エリザベスの
いとこの子
9歳年下
すらっとした
美人
生粋の
カトリック教徒

20年近くもエリザベス1世の庇護下にありながらエリザベスを陥れる陰謀に加担し、処刑される

スコットランドとステュアート家

大ブリテン島の北部に位置し、11～13世紀にスコットランド王国が成立。1371年、ロバート・ステュアートがステュアート朝を開く。イングランドとは戦争状態が続いたが、ヘンリー7世の娘マーガレット（ヘンリー8世の姉）がスコットランド王ジェームズ4世の妃となり、和平が図られた。この婚姻によりステュアート家にイングランドの王位継承権が生まれ、メアリ・ステュアートの息子ジェームズがイングランドとスコットランド両国の王となり、イングランドのステュアート朝が開始された。

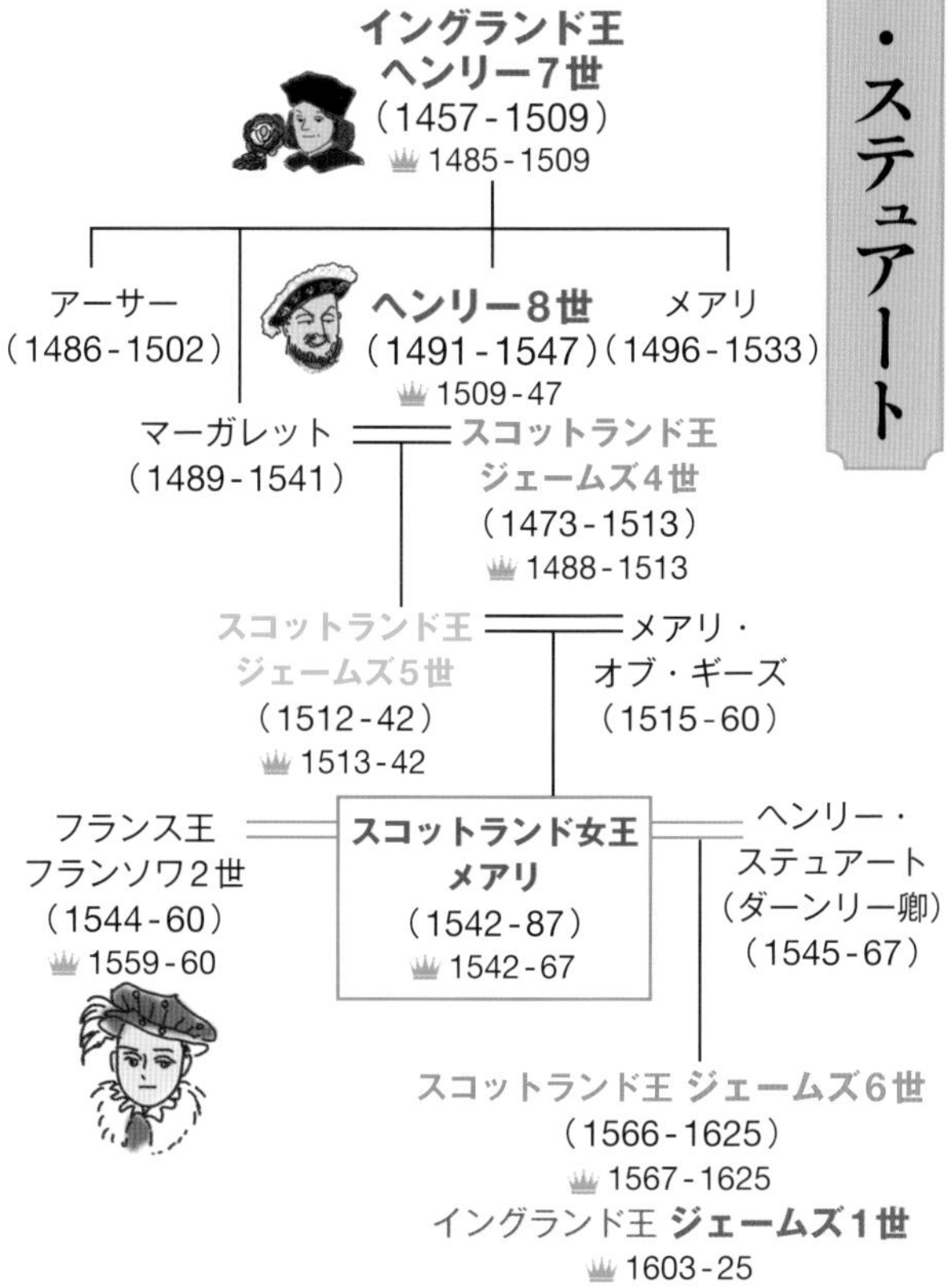

イングランド王
ヘンリー7世
（1457-1509）
1485-1509
アーサー
（1486-1502）
ヘンリー8世
（1491-1547）
1509-47
メアリ
（1496-1533）
マーガレット
（1489-1541）
スコットランド王
ジェームズ4世
（1473-1513）
1488-1513
スコットランド王
ジェームズ5世
（1512-42）
1513-42
メアリ・
オブ・ギーズ
（1515-60）
フランス王
フランソワ2世
（1544-60）
1559-60
スコットランド女王
メアリ
（1542-87）
1542-67
ヘンリー・
ステュアート
（ダーンリー卿）
（1545-67）
スコットランド王 ジェームズ6世
（1566-1625）
1567-1625
イングランド王 ジェームズ1世
1603-25

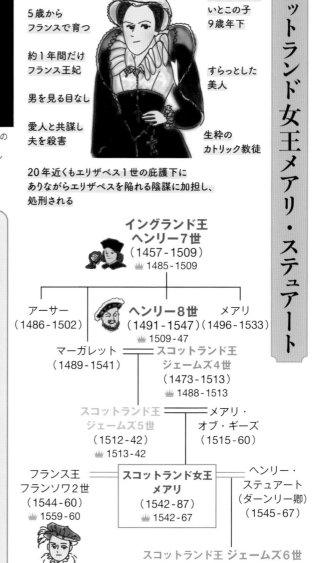

1 スコットランド王ジェームズ五世の娘メアリは、父の死去により生後六日で王位を継承した。彼女はヘンリー七世のひ孫にあたり、イングランドの王位継承権を持っていた。五歳の頃、母の故郷フランスに送られ、アンリ二世の宮廷でカトリックとして育てられた。

スコットランド女王の
誕生でございます!
スコットランド
イングランド
アイルランド
カトリーヌ・ド・メディシス
アンリ2世
フランソワ
フランス

クルーエ 「12歳か13歳のスコットランド女王、メアリ・ステュアートの肖像画」 1555-59年頃 ルボミルスキ・ミュージアム ポーランド

2 一五五八年、十六歳のメアリは王太子フランソワと結婚した。翌年アンリ二世が死去し、フランソワ二世が即位、スコットランド女王メアリはフランス王妃になった。

作者不詳 「フランソワ2世とスコットランド女王」 1573年頃 フランス国立図書館 パリ

母カトリーヌ・ド・メディシス
耳鼻咽喉系の先天的異常があり、それが原因の脳炎で16歳で死去
(P.87)
実家に帰ろ

1558年
エリザベス1世も
即位

しかし一年後フランソワ二世は病死。メアリはスコットランドに帰国した。

3 一五六二年、エリザベスは天然痘にかかり、一時は危ぶまれたが一命を取り留めた。

アラ、このままお姉様が死んだら私がイングランド女王よね!?
メアリ
だんろで火をガンガンたいて
さあ水分をひとロ…
29歳
毛布でグルグル巻き
すると汗がふき出し快復に向かった

4 一五六五年、メアリはダーンリー卿ヘンリー・ステュアートと再婚。この結婚にエリザベスは反対だった。

許さーん
この結婚によって彼らのイングランド王位継承権が強まるため
2人ともヘンリー7世のひ孫

5 しかし、一年もたたないうちにメアリはダーンリー卿に愛想をつかし、秘書で音楽家のリッチオを寵愛するようになった。二人の仲を疑ったダーンリー卿はリッチオを殺害する。

オピー　「デイヴィッド・リッチオの殺害」
1787年　ギルドホール・アート・ギャラリー　ロンドン

ダーンリー
あいつら絶対浮気してる!! ぶっ殺せ!! 腹の子も誰の子だかわかったもんじゃない
ギャ
覚悟
バーン
57カ所も刺され死亡
妊娠6カ月だった
イタリア人のリッチオ

6 メアリは男子（のちのスコットランド王ジェームズ六世）を出産。今度はボズウェル伯と共謀し、夫ダーンリー卿を殺害した。

殺られたら
殺り返すまでよ

作者不詳　「スコットランド女王メアリ・ステュアートの肖像」　十九世紀頃
エルミタージュ美術館　モスクワ

建物ごと吹っとばした
ドッカーン
メアリは爆発直前に夫に会っていた
ククク…
焼け跡からダーンリー卿の半裸の死体が見つかった

ダーンリー卿殺害現場・報告図

1567年、事件直後のエディンバラのカーク・オ・フィールドの屋敷の様子。ウィリアム・セシルへの報告のために描かれた。

よく
描けてるし…
報告書
しかし、すごいことするな…

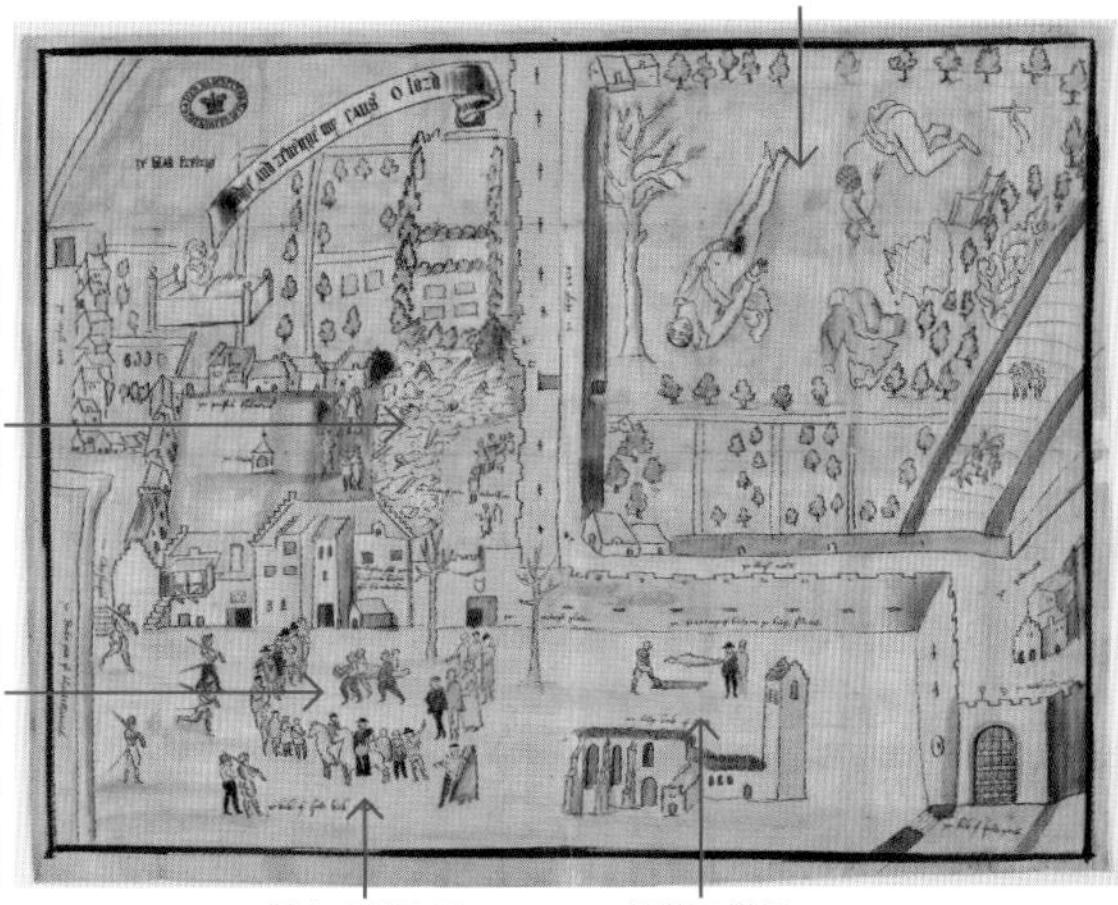

果樹園でナイトシャツ１枚で発見されたダーンリー卿と従者

爆発により破壊された建物

運び出される遺体

見守る野次馬

埋葬の様子

7 実行犯と目されるボズウェル伯は底知れぬ野心と粗暴さで恐れられた人物だったが、メアリはこのボズウェル伯と結婚。この結婚にスコットランド貴族たちは激怒した。

なにやりたい放題やってんだ
こんなメチャクチャな女王はいらない！
やめろー

8 メアリは退位させられ、まだ生後十カ月のジェームズ六世が即位。メアリはイングランドに亡命した。

早く出して
25歳

メアリは男に扮して馬で荒野を駆け、漁船でイングランドに渡り、エリザベス１世に庇護を求めた

9 それから二十年、メアリはエリザベス一世の庇護下にありながら、何度となくエリザベス政権の転覆を謀る陰謀に巻き込まれた。そのつど、エリザベス一世の側近たちはメアリの処刑を求めたが、エリザベス一世はなかなか了承しなかった。

私またスコットランド女王に戻りたいナ！
お姉様!!
お返事くださいな!!
あ〜
もうやっかい以外の何ものでもない!!
側近たち↓
早く殺しちゃいましょ〜よ〜

2人は生涯一度も顔を合わせることはなかった

10 しかし、一五八六年、ついにメアリが陰謀に加担したことが決定的となる証拠が上がり、翌年メアリは処刑された。

メアリ
ビヤだる
陰謀の主謀者
防水処理した小箱に入れられた密書
はい
ゲット

最後はウォルシンガムが放ったスパイ大作戦に引っかかった

深紅のペチコート姿（カトリックの信仰において受難を示す色）で処刑された

44歳

オランダの画家（作者不詳）「メアリ１世処刑」 1613年
ナショナル・ポートレート・ギャラリー スコットランド

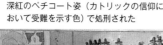

エリザベスの黄金期　宗教戦争と大航海時代

各国で起きる宗教争い

厳格な聖書主義を唱えるカルヴァン派がローマ＝カトリック教会とするどく対立した

イングランド・清教徒《ピューリタン》

清教徒とは、エリザベス１世が確立したイングランド国教会の中道的なやり方に不満を持つカルヴァン派（改革派）のこと。教会内に残るカトリック的要素を不服とし、より厳格な教会改革を求めた。その一部は弾圧を逃れ、17世紀前半、メイフラワー号に乗って北米に移住

オランダ独立戦争
（1568～1648）

北部ネーデルラントのカルヴァン派の反乱から始まり、スペインからの独立を求めて戦った。1648年のウェストファリア条約によってネーデルラント連邦共和国の独立が国際的に承認された

フランス・ユグノー戦争
（1562～98）

フランスではカルヴァン派のことをユグノーと呼び、彼らとカトリック派の間に宗教内戦が起きた。争いは長期化、泥沼の様相を呈した。ブルボン朝を開いたアンリ４世はプロテスタントの信仰を認めた

新世界を巡る攻防

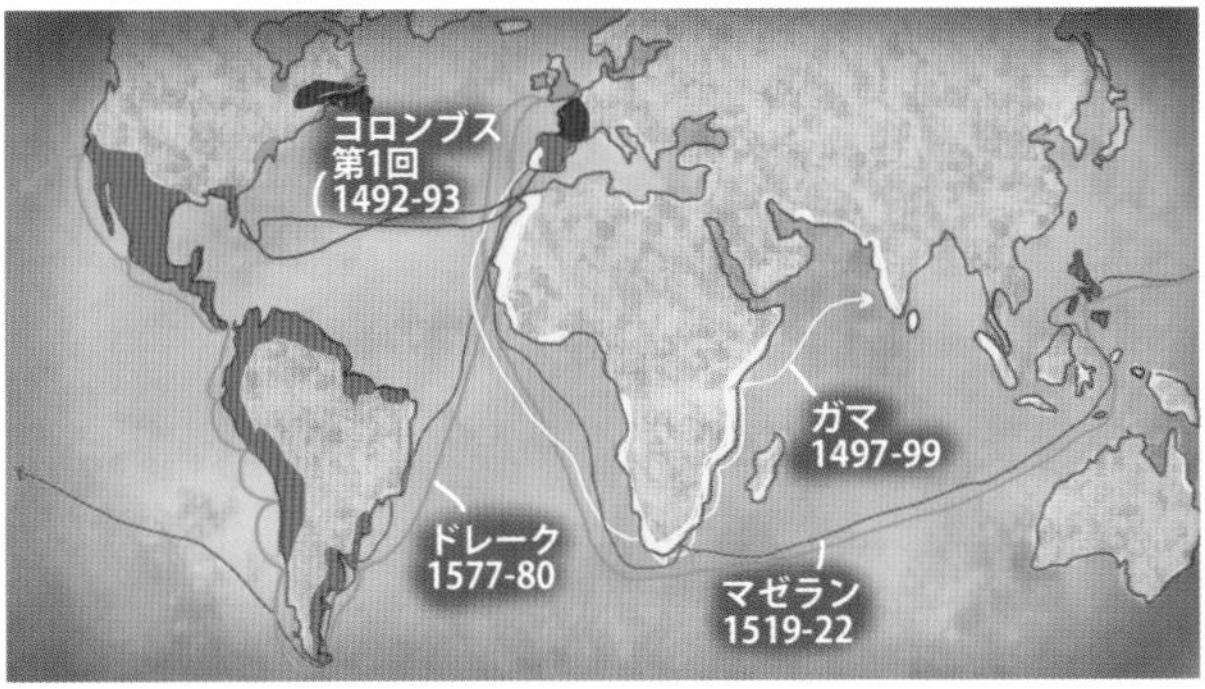

コロンブス
第1回
1492-93
ガマ
1497-99
ドレーク
1577-80
マゼラン
1519-22

スペイン領
イングランド領
フランス領
ポルトガル領

スペインとフランスというカトリックの二大国の間で、国教会（プロテスタント）という道を取ったイングランド。いずれの国でも、より厳格なプロテスタントの主張を持つカルヴァン派とカトリックの争いが起きました。

時はスペイン、ポルトガルによって始まった大航海時代の全盛期でもあります。一五五〇年代に入るとイングランドも海外貿易植民地レースに参戦していきます。

エリザベス一世は、自国の船乗りに外国（主にスペイン）の艦船や商船を襲い略奪を許可する免許状を出し、スペインの莫大な富を横取りすることに成功しました。この行為はスペインのフェリペ二世を怒らせ、イングランドとスペインの友好関係は崩れ、フェリペ二世とエリザベス一世の直接対決は避けられない状況となっていきました。

エリザベス一世 vs フェリペ二世　無敵艦隊の来襲

1 カトリックの王位継承者メアリ・ステュアートが処刑されたことによって、エリザベスを暗殺してもイングランドがカトリックの国になる可能性が消えたため、フェリペ二世はイングランドと開戦することを決意した。

あの女、海賊行為を禁じるどころか後押ししやがって、もう許さねえ!!
海賊の皆さん
どんどんおやんなさい
スペインの船からお宝を横取りすることを大いに許可します
グシャ

一五八七年、エリザベス一世、教皇から二度目の破門を宣告される。しかし教皇は内心エリザベスに感心していた。

シクストゥス5世

「偉大なる女性だ。女王がカトリックであれば、匹敵する者はおらず、皆尊敬するものを」

2 一五八八年、フェリペ二世は当時、無敵と呼ばれたスペインの艦隊（アルマダ）を出撃させた。エリザベスは、敵がテムズ川を上りロンドンに上陸するのを防ぐために配置された兵士たちに向かって演説をした。

スペインの無敵艦隊アルマダ

私が来たのは、戦いのただ中でみなさんと生死を共にするためです…
歴史に残る名演説
皆の者~
行くゾ!
ウオ~
やるゾ~
ウオ~
バンザイ~!!
女王様だ!

作者不詳　「イングランドの船とスペインの無敵艦隊、1588 年 8 月」　16世紀
グリニッジ王立美術館　グリニッジ

3 イングランド艦隊は常識破りの攻撃を仕掛けた。夜中の奇襲でスペイン艦隊は大混乱に陥り、陣形を崩された。翌日の砲撃戦の末、スペイン艦隊は北へ敗走した。

海賊式戦法! 燃料と爆薬を満載にし、火をつけた船を敵の船に突っこませる作戦が大成功!!
ピュー
ビュー
運にも恵まれ、奇跡の大勝利!
敗走中、大嵐に!!
演説した日の夕食時
あら、ほんとに!?
申し上げます! 大勝利でございます!

海賊から騎士《ナイト》へ　エリザベスの盟友は海賊《パイレーツ》

ナイト＝騎士の勲位

フランシス・ドレーク
（1543頃 -96）

ジョン・ホーキンス
（1532-95）

←いとこ同士→
なんて頼れる海の男たち！
女王に投資してもらった額の47倍返しをしたよ
多額のほうびとサーの称号もいただきました
ロンドン市長にまでなった
海賊行為だけでなく私は最新式の戦艦を開発して海軍力も増強したよ
宝の山
3年かけて世界一周し、新大陸のスペイン領やスペイン船を襲撃して奪った何トンものお宝満載の
ドレークのゴールデンハインド号
あいつは人間じゃない!!
悪魔だ！エル・ドラク(竜)だ!!
とスペイン人には怖れられた

ゲーラーツ（子）
「フランシス・ドレークの肖像」　1591年頃
国立海洋博物館　ロンドン

作者不詳　「ジョン・ホーキンスの肖像」
1581年　国立海洋博物館
ロンドン

彼らのおかげで世界を手中に入れたと言っても過言じゃないわね

作者不詳　「アルマダ・ポートレート」　1588年
ウォバーン・アビー　ロンドン近郊

　ポルトガルとスペインが独占する世界貿易と植民地からの巨万の富を、ホーキンスとドレークはカリブ海や大西洋で待ち伏せして奪い取り、大活躍しました。
　彼らはスペインとの海戦でも、戦艦の最新鋭化や海賊らしい奇襲攻撃で大いに勝利に貢献しました。名誉と富を手に入れた後も船乗りをやめず、最後も一緒に行った遠征先で共に赤痢で亡くなりました。

女王の晩年　最後の寵臣デヴルー

1 一五八八年、レスター伯ロバート・ダドリーが五十五歳で死去。エリザベス一世との特別な関係は最後まで続いていた。

※何にもましてこの私が祈るのは陛下がおすこやかで長生きされることです。…
陛下がお幸せで健康でありますように。
（ダドリーからの最後の手紙）

エリザベス１世はこの手紙を死ぬまで枕元の小箱に入れていた

※石井美樹子　図説「エリザベス一世」

←デヴルーはすらっとした長身で若き日のレスター伯を思い出させる容貌だった

ヒリアードに帰属　「第2代エセックス伯ロバート・デヴルー」　1595年頃　ナショナル・ポートレート・ギャラリー　ロンドン

2 レスター伯亡き後、エリザベス一世の晩年に華やぎを与え、また大いなる失望を与えたのはエセックス伯ロバート・デヴルーだった。

初めて宮廷に上がった時、17歳だった
あら♡かわいいわね
←レスター伯の義理の息子だった

エリザベス一世の寵愛を一身に受けたが、思慮の浅かったデヴルーはすぐに思い上がり、高慢な振る舞いをして、女王を悩ませた。

私〜めに!
んもぉ、仕方ないわねえ…。ほんとに大丈夫？

3 一五九九年、アイルランドで反乱が起きた。デヴルーは自ら志願し総司令官となり大群を率いて鎮圧に赴いたが、失敗し、女王の寵愛を失った。

25万ポンドが投入され、1万6千の歩兵、1300の騎兵を率いるも…
皆の者私に続け〜
オー
まさかの大失敗!!

4 デヴルーは起死回生を狙い、反乱を企てたが、あまりに稚拙な計画のため失敗し、裁判の翌日、処刑された。

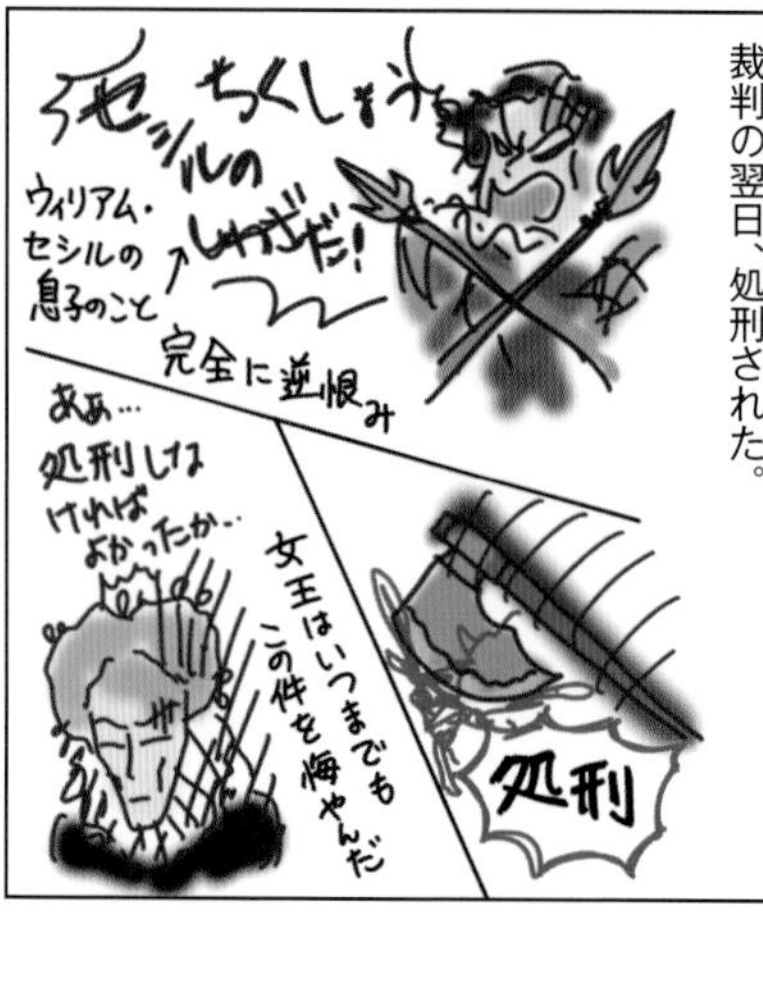
ちくしょう〜
セシルのしわざだ!
ウィリアム・セシルの息子のこと
完全に逆恨み
ああ…処刑しなければよかったか…
女王はいつまでもこの件を悔やんだ
処刑

黄金のスピーチ　ジェームズ一世指名へ

1 エリザベスの治世の末期はその輝きにかげりが見えてきていた。戦争や凶作で経済状況は悪化の一途で、国民の暮らしは非常に苦しく、価格を釣り上げる独占特許状に対する不満は抑えきれないものになっていた。一六〇一年、議会に対し、エリザベスはのちに黄金のスピーチと呼ばれる演説を行った。

「私の王冠の栄光は国民の愛情を得て国を統治してきたことにあると信じます。…私の与えた特許状が国民を苦しめているのなら、それを放置してはおきません…」

石井美樹子『エリザベス』

2 エリザベスは一六〇三年に入るとかねてから不安定だった精神状態が悪化し、深刻なうつの症状が現れた。三月二十四日、その栄光と波乱に満ちた六十九年の生涯を終えた。

作者不詳「アレゴリーのエリザベス」　1610年頃
コーシャム・コート　ウィルトシャー

ジェームズ・ステュアート（メアリ・ステュアートの息子）を私の後継者に指名します

エリザベスの死と共に、テューダー朝も幕を閉じた。

↓亡くなる直前に後継者に指名したジェームズ1世

デ・クリッツ「イングランド王ジェームズ1世の肖像」　1605年頃　プラド美術館　マドリード

3 スコットランド王ジェームズ六世が、イングランド王ジェームズ一世として即位しステュアート朝が始まった。長年、争い続けてきた二つの国がついに一人の王を戴くことになった記念すべき瞬間だった。

エリザベス１世の葬列

1603年4月28日

世にも怖い世界遺産 ロンドン塔

1078年、ノルマン朝の初代ウィリアム1世によって建設され王の居城となった。13世紀頃から牢獄としても使われ始めた。

大いに使用したわい
ヘンリー8世
私たちがここで処刑されました
ヘンリー8世の忠臣
1535年
トマス・モア
全く勝手よね!
ヘンリー8世の2番目の妻
1536年
アン・ブーリン
あんなに尽くしたのに…
ヘンリー8世の忠臣
1540年
トマス・クロムウェル
フン!
ヘンリー8世の5番目の妻
1542年
キャサリン・ハワード
ウエ〜ン
9日間女王
1554年
ジェーン・グレイ
エリザベス1世への反逆罪で
ちっ
1601年
エセックス伯ロバート・デヴルー

その他

●1471年　ヘンリー6世
ランカスター朝最後の王。バラ戦争でヨーク家のエドワード4世に捕らえられ、塔内で暗殺される

●1535年　ジョン・フィッシャー
聖職者。ヘンリー8世の「国王至上法」を認めなかったため、反逆罪で処刑

ロンドン塔で行方不明になった2人の王子
～エドワード5世とヨーク公リチャード～

ヨーク家

エドワード4世　リチャード3世

エドワード5世　**ヨーク公リチャード**

ヘンリー7世

エリザベス・オブ・ヨーク

ヘンリー8世

エドワード4世の死後、即位したエドワード5世と弟のヨーク公リチャードは叔父のリチャード3世によってロンドン塔に閉じ込められ、行方不明になった。王位を奪うためにリチャード3世が殺害したと言われ、1674年に2人の子供の骸骨が発見された。真相は不明。

お兄ちゃん、怖いよ〜

ドアの下から漏れる明かり→　警戒する犬

肩を寄せ合い来訪者（暗殺者？）におびえる兄弟

ドラローシュ　「ロンドン塔の王子たち」　1830年　ルーヴル美術館　パリ

第3章 ブルボン朝

主に王権絶頂期から終焉までの物語
太陽王 ルイ十四世
最後の王 ルイ16世
マリー＝アントワネット
France

ブルボン朝の5人の王

マルグリッド ＝ アンリ4世 1589-1610 ＝ マリー・ド・メディシス（メディチ家）

アンヌ・ドートリッシュ（スペイン王女） ＝ ルイ13世 1610-43

マリー・テレーズ・ドートリッシュ（スペイン王女） ＝ ルイ14世 1643-1715

ルイ

ルイ ＝ マリー・アデライード・ド・サヴォイア（サヴォイア家）

マリー・レクザンスカ（元ポーランド王女） ＝ ルイ15世 1715-74

ルイ

マリー＝アントワネット（オーストリア皇女） ＝ ルイ16世 1774-92

母親と宰相にはさまれ
独り立ちできなかった王

ルイ13世

有能な宰相リシュリュー
母で摂政マリー・ド・メディシス
最善策はこのようかと…
あ゛〜もぉ〜
ボクはママの言う通りにしていればいいの！
グイィ〜

内戦を終わらせるために
改宗した王

アンリ4世

もうわかったよ…
僕がカトリックに改宗すれば丸く収まるなら
改宗するよ…
いよっ善王
よく言った
パチパチ
パチパチ

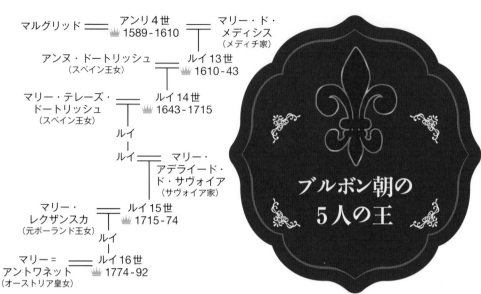

ヴェルサイユ宮殿は
わしが
建てたのだ
フランス王の中で
最長在位
72年!
バレエも超
得意さ
ザ・絶対王政期の王
ルイ14世

愛人の数?
冗談じゃなくて
ホント数えきれ
ないヨ
まあ
ハンサム
だから許してヨ
王のために娼館
まで用意した
ポンパドゥール夫人
愛人の数しか誇れない
最愛王と呼ばれた最悪王
ルイ15世

マリー＝
アントワネット
あなたっ
何してらっしゃるの!?
僕はけっこう
頑張ったんだけどね…
錠前作ってる時が
一番幸せだったかな…
不運だったとしか言いようがない…
革命で首を切られた王
ルイ16世

《ヴァロア、ブルボン》家系図

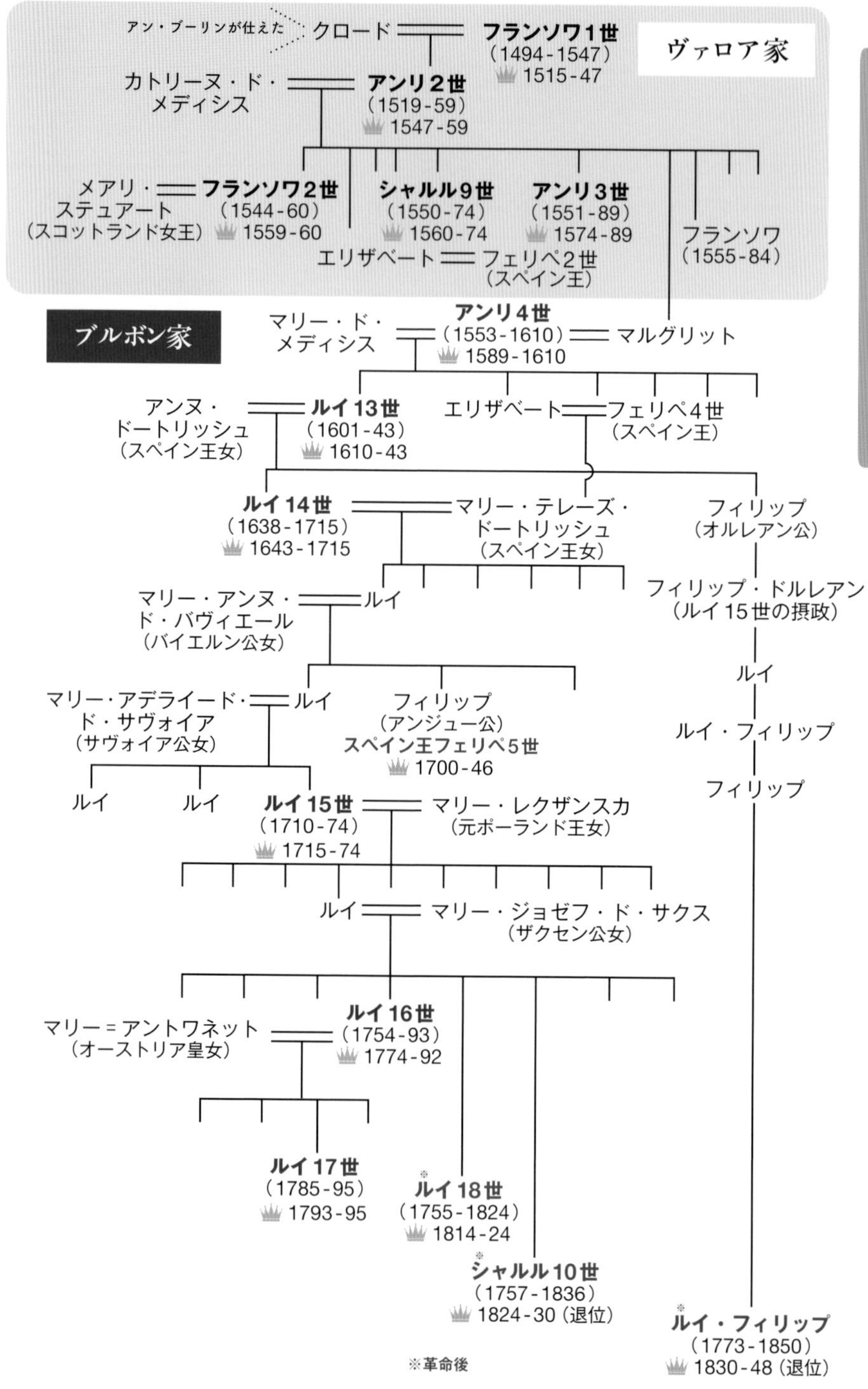
ヴァロア家
アン・ブーリンが仕えた
クロード
フランソワ1世
(1494-1547)
1515-47
カトリーヌ・ド・メディシス
アンリ2世
(1519-59)
1547-59
メアリ・ステュアート
(スコットランド女王)
フランソワ2世
(1544-60)
1559-60
シャルル9世
(1550-74)
1560-74
アンリ3世
(1551-89)
1574-89
エリザベート
フェリペ2世
(スペイン王)
フランソワ
(1555-84)
ブルボン家
マリー・ド・メディシス
アンリ4世
(1553-1610)
1589-1610
マルグリット
アンヌ・ドートリッシュ
(スペイン王女)
ルイ13世
(1601-43)
1610-43
エリザベート
フェリペ4世
(スペイン王)
ルイ14世
(1638-1715)
1643-1715
マリー・テレーズ・ドートリッシュ
(スペイン王女)
フィリップ
(オルレアン公)
マリー・アンヌ・ド・バヴィエール
(バイエルン公女)
ルイ
フィリップ・ドルレアン
(ルイ15世の摂政)
マリー・アデライード・ド・サヴォイア
(サヴォイア公女)
ルイ
フィリップ
(アンジュー公)
スペイン王フェリペ5世
1700-46
ルイ
ルイ
ルイ
ルイ15世
(1710-74)
1715-74
マリー・レクザンスカ
(元ポーランド王女)
ルイ・フィリップ
フィリップ
ルイ
マリー・ジョゼフ・ド・サクス
(ザクセン公女)
マリー=アントワネット
(オーストリア皇女)
ルイ16世
(1754-93)
1774-92
ルイ17世
(1785-95)
1793-95
※ルイ18世
(1755-1824)
1814-24
※シャルル10世
(1757-1836)
1824-30(退位)
※ルイ・フィリップ
(1773-1850)
1830-48(退位)
※革命後

ヴァロア家断絶、ブルボン朝開始

1 一五五九年六月三十日、アンリ二世は娘のエリザベートとスペイン王フェリペ二世との結婚式の一貫で行われた騎乗槍試合に参加。相手の槍が目を貫いて重症を負い、治療の甲斐なく死亡した。

以前、占星術者ノストラダムスが言っていた通りになったわ！
カトリーヌ
あなた〜〜だから やめてって言ったのに〜
再びオレな
32歳
メアリ1世と死別後
3度目の結婚→
アンリ2世とモンゴメリー伯の騎乗槍試合

2 未亡人となったカトリーヌ・ド・メディシスが息子たちの摂政政治を始めたが、新旧派に分かれて激しく対立する宗教問題を解決できなかった。三男アンリ三世が暗殺され、ヴァロア家は断絶した。

なんとかヴァロア家の存続と新・旧教徒の争いを収めようと私なりに画策したんだけどね…
フランソワ二世
長男
15歳で即位
16歳で病死
カトリーヌ・ド・メディシス
次男
10歳で即位
シャルル9世
23歳で病死
娘マルグリット
ブルボン家のアンリと結婚
三男
23歳で即位
アンリ3世
37歳で暗殺

ヴァロア朝の王で、晩年のレオナルド・ダ・ヴィンチのパトロンとしても有名なフランソワ一世の息子、アンリ二世はカトリーヌ・ド・メディシスとの間に十人の子をもうけました。しかし、娘とスペイン王フェリペ二世の結婚式で事故死。さらに長男フランソワ二世は、即位後わずか一年で病死。続くシャルル九世は十歳だったため、母カトリーヌ・ド・メディシスが摂政になりました。

王権が弱まると、貴族たちがカトリック派とプロテスタント派に分かれてユグノー戦争が始まりました。カトリーヌはプロテスタント派のリーダーだったブルボン家のアンリ（のちのアンリ四世）と娘のマルグリットを結婚させて和解を試みましたが、サンバルテルミーの大虐殺が起こります。

両派の対立はその後も続き、ヴァロア朝最後の王アンリ三世が暗殺され、ブルボン家のアンリ四世が即位しました。

アンリ4世

（1553-1610）　♛1589-1610

自らの信仰より
国の平和を優先した
改宗王

ブルビュス
「アンリ4世」
1622年以前
ヴェルサイユ宮殿
ヴェルサイユ

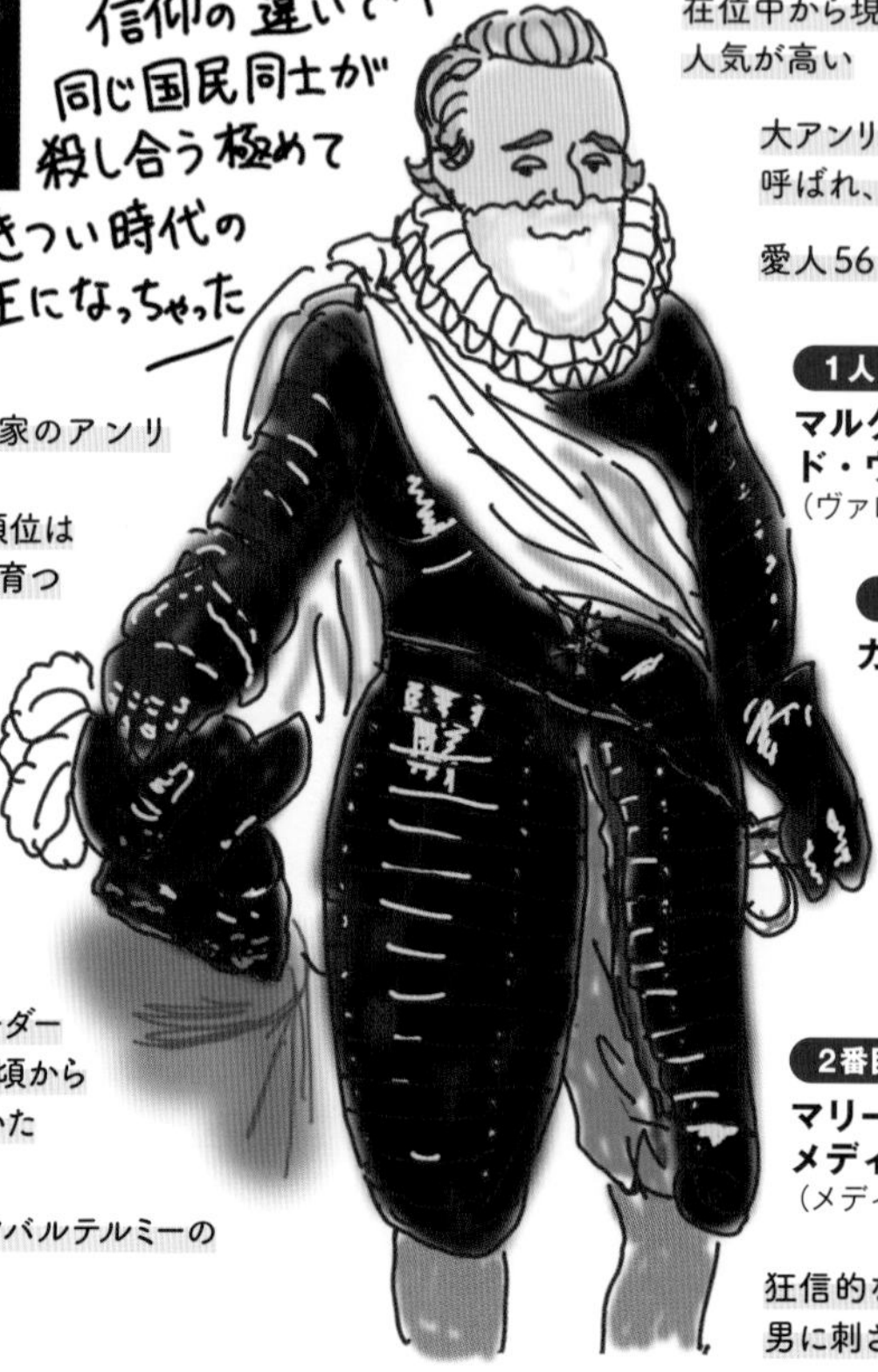

信仰の違いで
同じ国民同士が
殺し合う極めて
きつい時代の
王になっちゃった

ブルボン家のアンリ

当初、王位継承の順位は
低かったが、宮廷で育つ

カトリックと
プロテスタント
（ユグノー）が戦う
宗教戦争の
真っ只中で育つ

最終的には
プロテスタント側のリーダー
だったが、実は子供の頃から
何度も改宗を重ねていた

結婚式の数日後、サンバルテルミーの
大虐殺が起こる

ナントの王令を発布し、
新教徒に信仰の自由を与えた

在位中から現代に至るまで
人気が高い

大アンリ、良王アンリなどと
呼ばれ、善い王のイメージ

愛人56人

1人目の妻
マルグリット
ド・ヴァロワ
（ヴァロア家）

愛人
ガブリエル・デストレ

2番目の妻
マリー・ド・
メディシス
（メディチ家）

狂信的なカトリック信者の
男に刺され死亡

男子を4人も
産んだのに…!!

ヴァロア家

3人の息子の摂政

事故死
アンリ2世 ═ カトリーヌ・ド・メディシス

- メアリ・ステュアート（P. 73参照） ═ フランソワ2世　**病死** 16歳　♛1559-60
- シャルル9世　**病死** 23歳　♛1560-74
- アンリ3世　**暗殺** 37歳　♛1574-89
- マルグリット ═ **ブルボン家** **アンリ4世**
- フランソワ（1555-84）　**病死** 29歳

聖王ルイ
（ルイ9世）
（1214-70）
…… アンリ4世

アレクサンドル・デュマ著「王妃マルゴ」のヒロイン。絶世の美女だったが超浮気性でアンリ4世（同じく超浮気性）とはのちに離婚した

1562～98年

フランスの宗教戦争 ユグノー戦争

ルターの考えたプロテスタントの理念

・聖書に基づいた信仰
行いではなく、聖書をよりどころとする信仰のみ（によって救われる）

・万人祭司説
司祭の身分は官職にすぎず、身分の差別はない（聖職者に特権はない）

＋

カルヴァンの改革

・救済予定説
死後、天国に行くか地獄に行くかは、最初から神によって定められている（カルヴァン派の人々はこの説を信じているため、神から選ばれ天国に行けると信じている）

・「天職」
「神に与えられた天職を全うし勤勉に励むことこそが神の意志に沿うことである。それによって富が貯まることは善いことである」→商工業者たちが商売で儲けを出すことに罪悪感を抱かなくてすむ→どんどん励んで蓄財する→有力者になる→宮廷の有力貴族も信仰するようになり見逃せない一大勢力となる

弁護士、医師、上層の商工業者、貴族にも広がった

＝

カルヴァン派

フランスでは**ユグノー**と呼ばれた

VS

カトリック

ヴァロア家

ヴァロア朝アンリ２世時代から激しい弾圧

1572年8月24日 **惨劇**

サンバルテルミーの大虐殺

王女マルグリットとブルボン家のアンリの結婚式に集まったユグノー派が、サンバルテルミーの祝日の深夜、大量虐殺された。

僕の結婚式を祝うために集まってくれたプロテスタントの仲間たちが殺されてしまったんだ…。しかも黒幕はなんと姑説も…。ほんとは違うらしいんだけど…

ブルボン家のアンリ
（後のアンリ４世）

虐殺はパリから全土に広がり、プロテスタントの民衆が無差別に１万人以上虐殺された

1 内戦が続く中、一五八九年、アンリ三世は狂信者に短刀で刺された。
ウワァ
死ねぇ〜
ドミニコ会修道士ジャック・クレマンはその場で殺された
死の床で後継を指名
36歳アンリ四世
ヴァロア家の男子の後継者が皆死亡したため、ブルボン家のアンリが王位を継承することになった。

2 しかし、カトリックの国民はプロテスタントのアンリ四世を国王として認めず、内戦は続いた。
プロテスタントの王など認めない!!
パリ
カトリック同盟↗籠城して抵抗。餓死者が出ても屈しない
ムムム…
1593年
3 どうにも収拾がつかないため、ついにアンリ四世はカトリックへの改宗を決意。ようやく四年後、パリに入城を果たした。
カトリシズムの信仰に生き、そして死ぬこと、血と命を賭してこれを守りぬくことを誓う
40歳
えらいっ よく決断したっ
えっ プロテスタントも見捨てないよね!?
1598年
4 五年後、やっと全土を平定したアンリ四世はユグノーに信仰の自由を許す「ナントの王令」を発布。ようやく長きにわたった宗教戦争に終止符が打たれた。
プロテスタントの礼拝の自由を認める
(ただし都市は限定される.またカトリックの祝日は遵守せよ.教会10分の1税は支払うように)
いろいろ制限付きではあったが画期的!
5 一連の動きの影には最愛の愛人ガブリエル・デストレの働きがあったとも言われる。
実はずっとそばで支えてました
妻とは冷えきっていてのぉ〜
五十六人の愛人の中でそなたを一番愛しておるぞ

謎めき度ナンバーワン名画！ ガブリエル・デストレ

私が王にカトリックへの改宗をうながし、信仰の自由を訴えたのよ

右がガブリエル

乳首をつまむ仕草は妊娠を表しているとも言われる

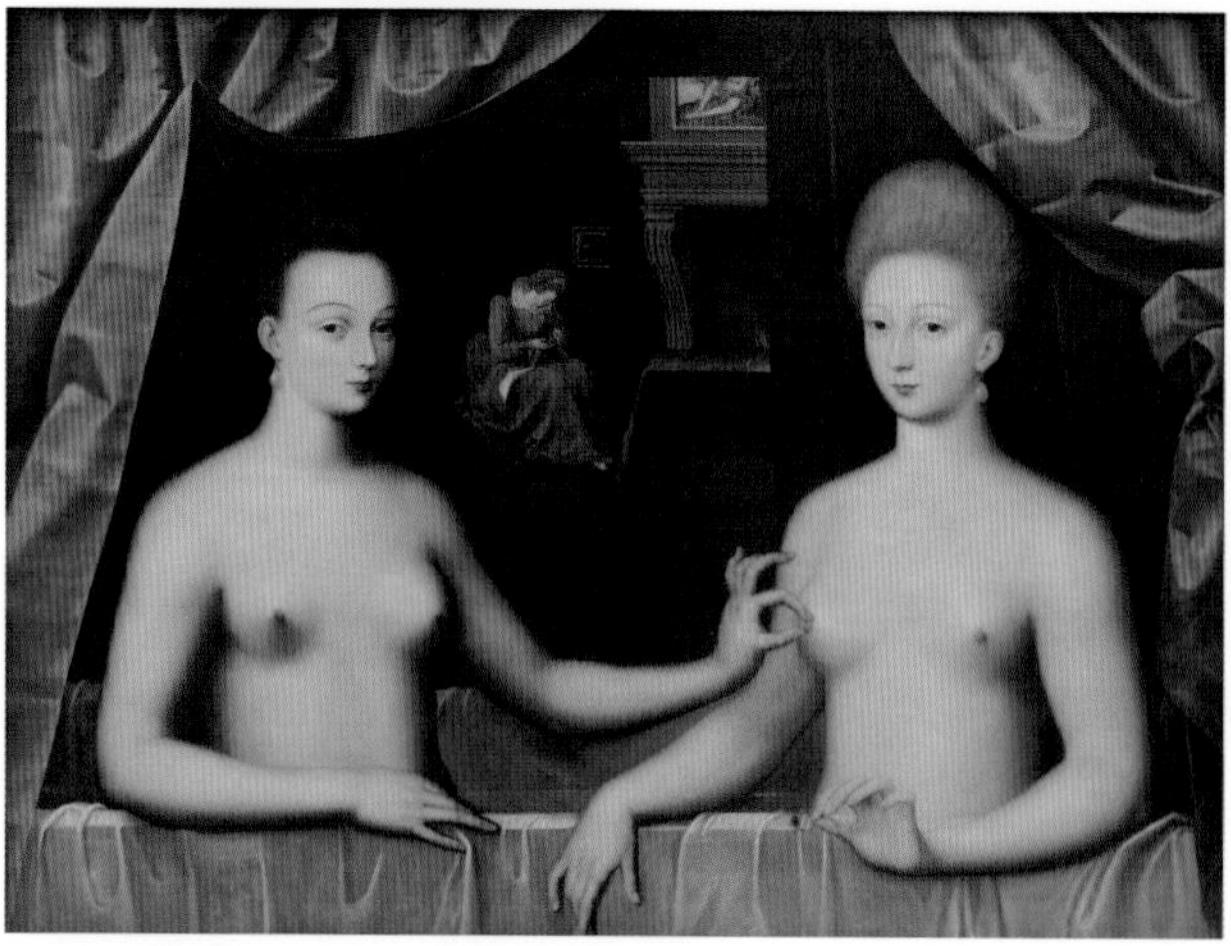

姉は戦場にまでついていって王を支え、野営地で二男一女を産んだわ

左の妹（修道女）も王の愛人だった！

フォンテーヌブロー派　「ガブリエル・デストレとその妹」　1594年頃
ルーヴル美術館　パリ

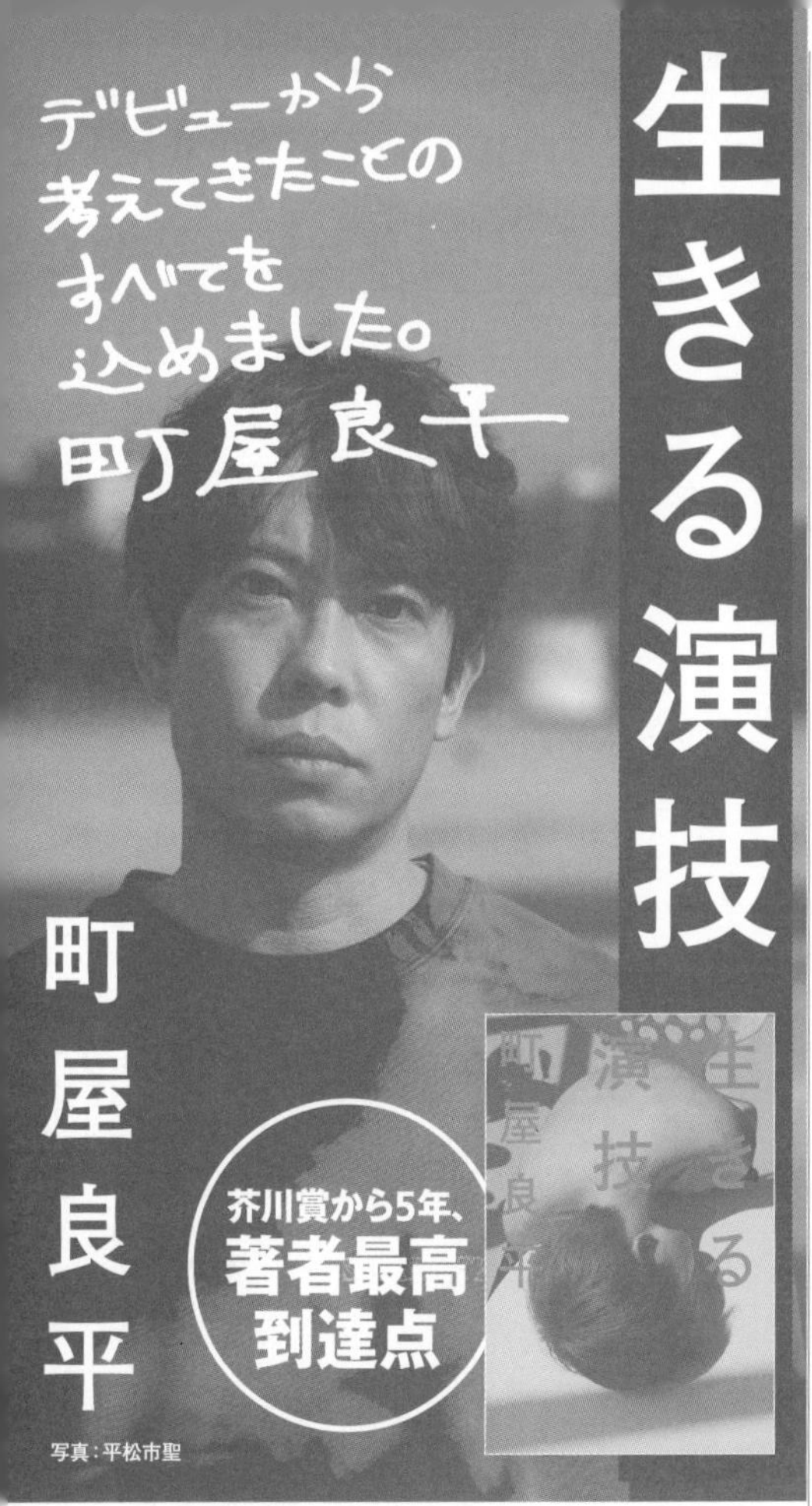
デビューから
考えてきたことの
すべてを
込めました。
町屋良平
生きる演技
町屋良平
芥川賞から5年、
著者最高
到達点

写真：平松市聖

生きる演技

町屋良平

家族も友達もこの国も、みんな演技だろ——元「天才」子役と「炎上系」俳優。高一男子ふたりが、文化祭で演じた本気の舞台は、戦争の惨劇。芥川賞作家による圧巻の最高到達点。

▼二四七五円

嘘つき姫

坂崎かおる

戦争の中で嘘が姉妹を繋ぐ「嘘つき姫」ほか、書き下ろし二篇を含む全九篇。小説が待ち焦がれた才能、正真正銘「待望」の初作品集。

▼一八七〇円

はじめての橋本治論

千木良悠子

小説、古典新訳、評論など、ジャンルを横断して活躍した橋本治。日本と日本人と日本語を問いつづけた作家・思想家の初の本格評論。

▼三八五〇円

ハウリングの音が聴こえる

「僕の人生の六分の五には、いつだって

6 アンリ四世はローマ＝カトリック教会に妻マルグリットとの結婚の無効（＝離婚）を申し立て、ガブリエルと結婚しようと画策した。

ヘンリー8世
なにー!! 俺の時は絶対認めなかったのに!!
46歳
うまくいきそうだぞ
いーんじゃないっ?
教皇
28歳

1599年4月10日

7 ところがガブリエルは四人目の子を死産。翌日、彼女も亡くなった。アンリ四世はガブリエルを王妃として埋葬した。

前日レモンを食したら…
ウッ…
気分が…
陣痛が始まったがお腹の子はすでに死亡
うう〜〜
苦しい〜
死去
そ、そんなぁ

あまりのタイミングに根強い毒殺説も…

8 一刻も早く正式な世継ぎが必要なアンリ四世は翌年、イタリアからマリー・ド・メディシスを妻に迎えた。

実はもう次の愛人もいたんだけどね テヘへ
27歳
私は男子を含む六人の子を産んで立派に王妃としての役割を果たし、その後摂政としてやりたい放題やったわ

9 一六一〇年、四輪馬車に乗っていたアンリ四世は、突如襲い掛かった男に短刀で刺され五十七歳で死去した。

ウッ!…
ギラリ

犯人は狂信的なカトリックで修道士のなりそこないだったフランソワ・ラヴァイヤック

襲われるアンリ四世

→この日に限って護衛をつけていなかった

ラヴァイヤックの死刑執行の様子

「灼熱のヤットコで乳首、腕、腿、ふくらはぎを挟み、右手を硫黄で焼き、溶けた鉛、煮えたぎる油などを体にかけ、四肢を4頭の馬がひっぱり八つ裂き。バラバラになった死体は灰になるまで焼く」というむごたらしい刑が執行された

シャンパーニュ　「ルイ13世の肖像」
1635年　プラド美術館　マドリード

ルイ13世

（1601-43）　♛1610-43

母（摂政）、宰相に牛耳られ、ほとんどなにもできなかった王

9歳で即位

養育係の夫人に「お前を殺す！」と激昂するなどキレやすい子供時代

黒髪はかつら

戦争が好きで自ら何度も戦地に赴いた

同性愛者的傾向を持つ

嫉妬深い

傲慢

女嫌い

イライラ
オレはいったいいつになったら…

結核で41歳で死去

母で摂政
マリー・ド・メディシス

偏った廷臣の重用、アンリ4世の新・旧教の融和政策をことごとくつぶすなど混乱を招いた

宰相
リシュリュー

超有能な政治家。地方の小貴族の出。絶対王政の道を拓いた。ハプスブルク家の弱体化を狙い30年戦争に参戦

妻
アンヌ・ドートリッシュ

14歳同士の結婚だった

スペイン王フェリペ3世の娘。流産が続き、夫婦関係も冷めていたが、結婚から20数年後に男子（後のルイ14世）を出産し周囲を驚かせる

1 一六一〇年、父アンリ四世が暗殺されたため、ルイ十三世は九歳で即位。成人（十三歳）するまで母マリーが摂政として政治の実権を握った。

こんなに早く王にはなりたくなかった…
大丈夫よー！全部ママにまかせておけば!!

2 摂政マリーはイタリアから連れてきたコンチーニ夫妻を度を越してひいきし、カトリックをあからさまに擁護、王が成人しても実権を渡さないなど、王や国民の反感を買った。

ハイ「元帥」
コンチーニ夫妻
ありがたき幸せ！
←単なる衣装係だった
お母さんっ！もぉいいかげんにしてくれる!?

3 ルイ十三世はコンチーニの暗殺、母マリーの監禁を実行した。この後も母子戦争はしばらく続き、調停役としてリシュリューが頭角を現した。

バン　コンチーニ射殺
妻 処刑
16歳
母ちゃんはブロワ城に追放!!
ぼくちゃん!?
マリー
まあまあ
リシュリュー30歳頃

4 一時三頭体制（ルイ十三世、マリー、リシュリュー）となったが、マリーは政治方針の合わないリシュリューの失脚を謀り失敗、再び軟禁される。

こんの恩知らずが!
ぼくちゃんっ もうママかリシュリューかのどちらか選びなさい!!
ルイ13世 29歳
じゃ リシュリュー
やった!
なんですって!!
ちょっと やめなさいよっ
軟禁

5 実権を握ったリシュリューは、王権に対抗する貴族の押さえ込み、歯向かう新教徒を弾圧、ハプスブルク家の勢力拡大を防ぐために三十年戦争に介入などを行った。また一方で文化政策も重視した。

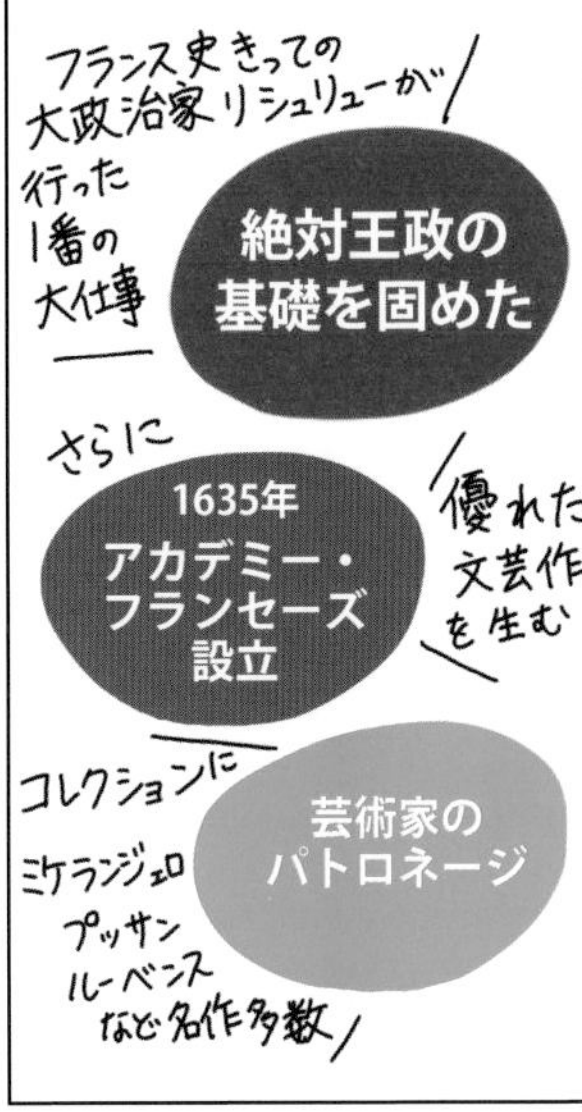
フランス史きっての大政治家リシュリューが行った1番の大仕事
絶対王政の基礎を固めた
さらに
1635年 アカデミー・フランセーズ設立
優れた文芸作品を生む
コレクションに
芸術家のパトロネージ
ミケランジェロ
プッサン
ルーベンス
など名作多数

マリーはルーベンスに自分を神格化した「マリー・ド・メディシスの生涯」を描かせた

ルーベンス　「マリー・ド・メディシスのマルセイユ上陸」1621-25年頃　ルーヴル美術館　パリ

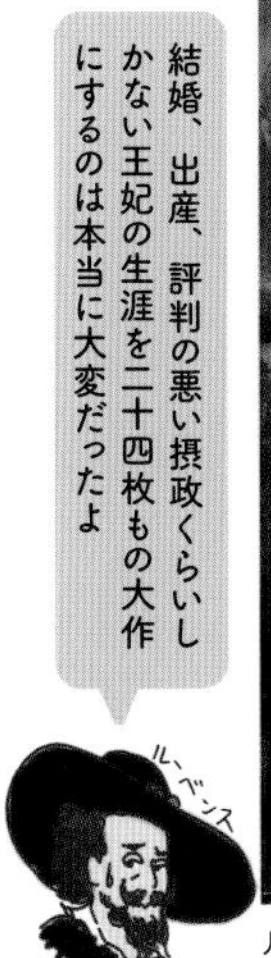
結婚、出産、評判の悪い摂政くらいしかない王妃の生涯を二十四枚もの大作にするのは本当に大変だったよ
ルーベンス

6 マリーは再び軟禁先を脱出。その後は外国を転々とし、亡命先のケルンで死去。五カ月後、リシュリュー死去。いよいよルイ十三世の親政が始まるかと思われたが、ルイ十三世もリシュリューの後を追うように六カ月後に死去した。

マリー 1642.7.3 享年67
あとは頼んだぞマザラン〜☆
おまかせを
リシュリュー
1642.12.4 享年57
〜なんでオレまで死んだ?
ルイ十三世
1643.5.14 結核で 享年41

最後までぬかりなかったリシュリューは自分の後継者に有能なマザランを指名。自分の死後も政治的空白を作らせなかった。

太陽王

ルイ14世

（1638-1715）
♛1643-1715

宰相マザランに学び、
後に親政を行った
ブルボン王朝ピークの王
在位72年は歴代最長

リゴー　「ルイ14世」の肖像」
1700-01年　ルーヴル美術館　パリ

4歳で即位
朕は国家なり
整った顔立ち
キラキラ輝く
優しい瞳
肩幅広く
堂々とした体格
ベルサイユ宮殿を造営
「踊る王」の異名を持つ
毎日2時間の
バレエのレッスンを
欠かさない
美脚自慢

母で摂政

アンヌ・ドートリッシュ

スペイン王女

マザランと二人三脚で幼少期の治世を支えた

宰相 **マザラン**

イタリア出身
辣腕政治家
幼いルイ14世に父親のように愛情を注ぎ、自ら教育も担当、帝王学を授ける。
30年戦争をフランスに有利な形で終結させた

妻

マリー・テレーズ・ドートリッシュ
（マリア・テレサ）

21歳同士の結婚

スペイン王
フェリペ4世の娘

3男3女を産むがルイ14世からは冷たくされた

1 一六四三年、ルイ十四世は四歳で即位。母アンヌ・ドートリッシュが摂政、リシュリューが後継者に指名したマザランが宰相となった。

母アンヌ
私たちが支えます
それまで全く影が薄かったが、摂政になると俄然国と息子のために働いた
ボクは
バレエの練習してるね
マザラン
お勉強もしましょうね
ルイ14世の代父で教育係
人生の師で最高の宰相
マザランとアンヌは隣の部屋に住み、後に極秘結婚したと言われる

2 ルイ十四世の初恋の相手はマザランの姪マリー・マンシーニだった。ルイ十四世は本気で結婚を望んだが叶わず…。

教養豊かで乗馬も得意
王に芸術面でも影響を与えた

マリー・マンシーニ　(1639-1715)

お願いだ〜！マリーと結婚させてくれ〜
だめです 国王は国のための結婚をしなくては

→結婚を許せば王妃の叔父になれるのに国益を優先させるマザラン

ルイ十四世はいとこのスペイン王女マリー・テレーズと結婚させられた。

私の姉
私の娘
フランス語が苦手で
なじめなかったわ…
四十四歳で死去

マザランの功績

巧みな外交で領土の拡張、王権の強化に成功

30年戦争の終結

ウェストファリア講和条約でフランスはドイツからアルザスの大部分とその他の地域を獲得

フロンドの乱を鎮圧

結果として反乱側の大貴族の弱体化に成功。王権強化につながった

フランス・スペイン戦争の終結

ピレネー条約でスペインからフランドルの一部（北）とピレネー山脈の一部（南）を獲得

3 マザランは終生ルイ十四世の王権強化のために尽力した。ピレネー条約締結後、体調を崩し、五十八歳で死去。

1661年
もう教える事は何もありません…
後はまかせましたぞ
我が王よ…
マザラン…！
マザランを心から敬愛していた ルイ14世は 死に際し泣きに泣いたという

4 ルイ十四世は宰相を置かず、自ら政治を行う「親政宣言」をした。

今日より 朕が 1661年 自ら 政治を 行う！
23歳
堂々たる風格
いよいよ絶対王政へ

ヴェルサイユ宮殿の造営

～王の威光を高め国を統治する有効な手段だった～

このプロジェクトは朕が全てを決める！
アポロ神(太陽)に扮している→
→自らバレエの主役を踊る王
国王は本当に何から何まで全て自分で決定した

ルイ十四世がヴェルサイユ宮殿を王宮に定めるまで宮廷は移動式だった。それまでの国王は自らの権威を示すために、常に地方を巡回してパリにいる時間は少なかった。国王が移動すると王の家族だけでなく、政府要人から主治医、料理人、愛人まで全てが一緒に移動した。

この伝統をルイ十四世はやめて、一六八二年以降は、王が人々に会いに行くのではなく、人々がヴェルサイユまで王に会いに来るスタイルに変更した。

また多くの貴族たちを住まわせるために、大々的に建物も造営し、約二十五年を費やし完成させた。

1668年当時のヴェルサイユ

ヴェルサイユ宮はあらゆる文化の中心地となった

建築、文学、哲学、音楽、演劇、絵画、工芸、ファッション、美食

ヴェルサイユ宮の統治効果

対民衆

ヴェルサイユ宮殿は基本的に誰でも入って見学することができた。宮殿や庭園の豪華さ、スケールの大きさは、人々に国王の絶大な力の大きさそのもののように感じさせ、畏怖の念を起こさせるのに大いに役立った。

対貴族

日常的に繰り返される舞踏会や晩餐会。その中で王の目に止まって要職につかなければならない。そのために必要な贅沢な衣装。ヴェルサイユでの華美な生活には莫大な費用がかかり、貴族たちは常に金欠状態で骨抜きにされていった。また自分の領地との関係性も希薄になり、貴族たちは反乱などを企てにくくなった。

王室建築総監
ルイ・ル・ヴォー
建物担当
王室筆頭画家
シャルル・ル・ブラン
装飾担当
我々の力を結集させて作りました
造園家
ル・ノートル
庭担当
フランス古典主義

ルイ14世時代の絢爛豪華な国家芸術（華美壮麗、秩序、幾何学）がここに完成

コルベール　～親政を支えた有能な側近～

1 ルイ十四世は宰相を置かなかったが、コルベールという宰相級の有能な重臣がいた。彼は二十年以上、財政、軍事、文化振興と国政の重要な部分を担い、成果を上げた。

王立芸術アカデミーを創設したのは私だよ

ルフェーブル　「コルベールの肖像」
1666年頃　ヴェルサイユ宮　ヴェルサイユ

軍事面では
海軍強化
貿易船を守らなきゃね
経済面では超有名な
重商主義
輸入を制限 ゴブラン織やガラス・陶磁器など国内産業を育成してガンガン輸出して外貨を稼ぐんだ
文化面では
芸術家に年金
これもかなり画期的な支援策だったんだ
朝5時半から休まず働く
冷たい性格で「大理石の人」と呼ばれた

コルベール
（1619-83）

ラシャ職人の息子。宰相マザランの下で財政管理を担当し頭角を現した

2 コルベールが亡くなると、ルイ十四世は祖父アンリ四世が苦労して発布した「ナントの王令」の撤回を宣言。再びプロテスタントを迫害した。

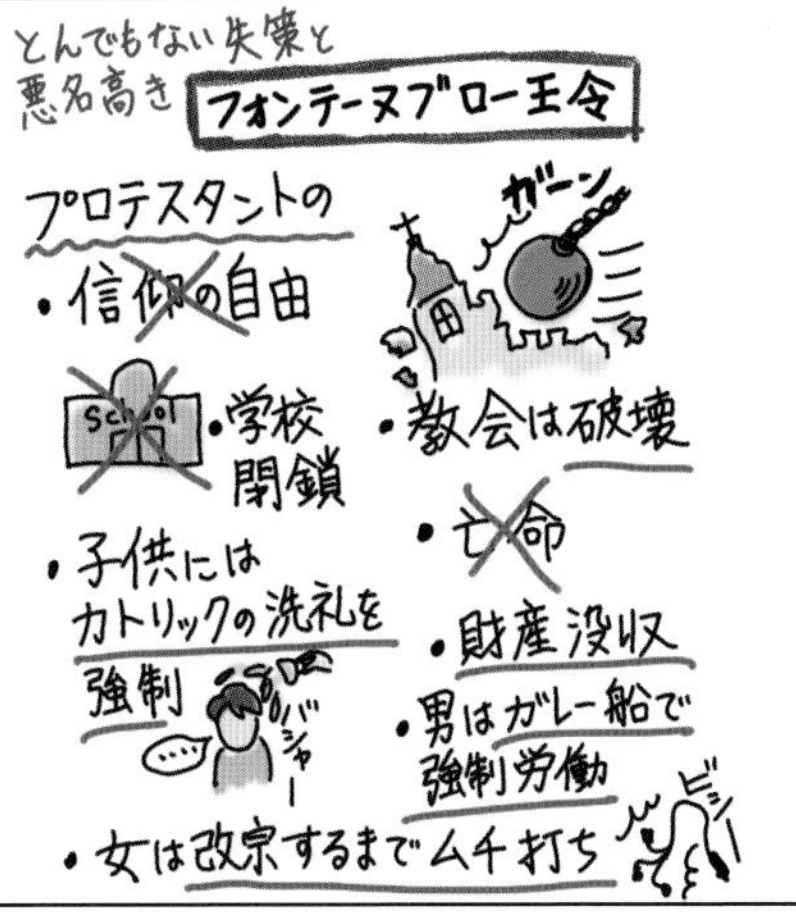
とんでもない失策と悪名高き
フォンテーヌブロー王令
プロテスタントの
・信仰の自由
school
・学校閉鎖
ガーン
・教会は破壊
・亡命
・子供にはカトリックの洗礼を強制
バシャー
・財産没収
・男はガレー船で強制労働
・女は改宗するまでムチ打ち
ビシ

これにより、約二十万人のユグノーが国外に逃れた。商人、優秀な職人が多く含まれていたため、フランス経済に大きな打撃を与え、技術の流出を招いた。

腕のいい職人が流れて
プロイセンの手工業が発展
スイスの時計産業が盛んに
なんてことを！やっと育ててきた産業を…!!
天国のコルベール

スペイン継承戦争　～なぜブルボン家が継承したのか～

1 一七〇〇年、スペイン・ハプスブルク家のカルロス二世、王位をルイ十四世の孫アンジュー公フィリップに譲ると表明し死去。

この広い国を分割せずに統治できるのはブルボン家しかない…　やむなし…
ただしフランスの王位継承権は放棄すること
よろしく頼む…
ハッ

2 しかしアンジュー公フィリップはフランスの王位継承権を放棄しないまま「フェリペ五世」として即位したため、イングランドとオランダが対仏同盟を結成、フランスに宣戦布告した。

えっ!? じゃ下手したらフランスとスペインが合体しちゃうかもしれないじゃん!!
そんなの認められーん！
対仏同盟
神聖ローマ帝国
（オーストリア・ハプスブルク）
フランス ブルボン家
スペイン ブルボン
ハプスブルク
ルイ14世の孫
フェリペ5世

3 対仏同盟は対立候補に神聖ローマ皇帝レオポルト一世の次男カールを「カルロス三世」として擁立した。しかし皇帝位を継いだカールの兄のヨーゼフ一世が急死。カールは「カール六世」として皇帝位を継ぐことに…

よしっじゃこっちはオーストリア・ハプスブルクから王を出そう!
えっ!? 皇帝にもなることに!?
それじゃやっぱり領土、大きすぎでしょ!
対仏同盟
ヨーゼフ1世
ハプスブルク
ブルボン
ハプスブルク
カルロス3世
(カール6世)

1711年

4 オーストリア・ハプスブルク家が再びスペインの領土までも治めることに難色を示した対仏同盟はブルボン家のフェリペ五世を承認した。

でも絶対フランスとスペインが同一の王を持つのはなしよ!!
対仏同盟
OK
ブルボン家

1713年　ユトレヒト条約

「太陽王」の落日

1 七二年という長期にわたり王座に君臨したルイ十四世は、晩年、王位継承者の息子、孫、幼いひ孫（長男）に次々に先立たれた。結局、ルイ十四世の跡を継いだのは、唯一生き残ったひ孫（次男）だった。

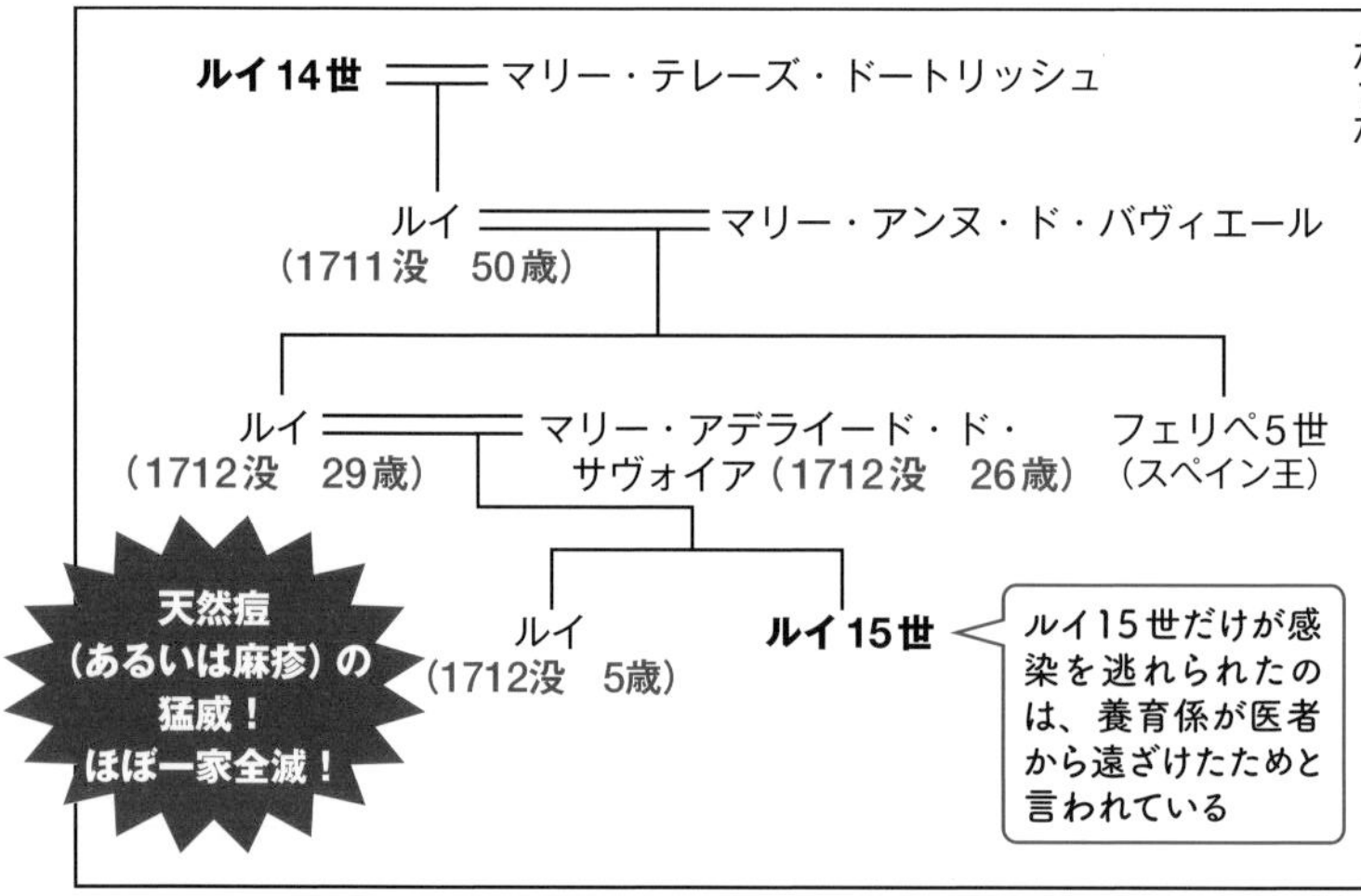

ルイ14世
マリー・テレーズ・ドートリッシュ
ルイ
(1711没　50歳)
マリー・アンヌ・ド・バヴィエール
ルイ
(1712没　29歳)
マリー・アデライード・ド・サヴォイア(1712没　26歳)
フェリペ5世
(スペイン王)
ルイ
(1712没　5歳)
ルイ15世
ルイ15世だけが感染を逃れられたのは、養育係が医者から遠ざけたためと言われている
天然痘(あるいは麻疹)の猛威! ほぼ一家全滅!

2 領土拡大を目論む戦争を多くしかけたため、周辺諸国からの非難はどんどん高まり国際的に孤立。国内も財政赤字や飢饉など問題が山積。ルイ十四世は晩年、求心力を失っていった。

1715年9月1日没
享年76
可能な限り戦争を避けるよう。余を真似てはならない。(……)平和を愛する国王となるよう。臣民の苦しみを和らげることに専念してほしい。

長谷川輝夫　『聖なる王権ブルボン家』より「ブルトゥーユ男爵回想録」

幼いルイ十五世にこのような言葉を残し、ルイ十四世は世を去った。絶対君主として権勢を誇った王だったが、葬列を見守る人は誰もいなかったという。

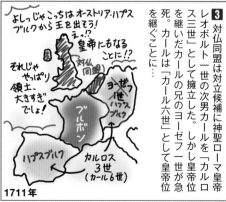

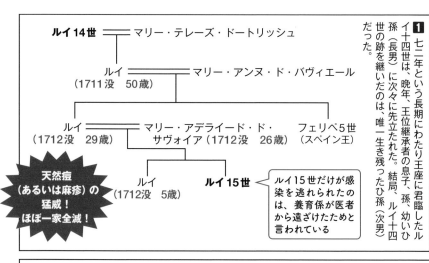

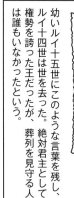

ルイ15世

（1710-74）　♕1715-74

信じられないほどの
好色ぶりを発揮し、
「最愛王」と呼ばれた王

ドゥ・ラ・トゥール　「ルイ15世の肖像」
1748年　ルーヴル美術館　パリ

5歳で即位

愛人は
星の数ほど

ブルボン朝イチの
美男子

体格も良し

治世の前半はフルーリーの
おかげで善政を行う

後半は愛妾に政治干渉を許し、
国政に混乱を招く

多くの海外植民地を失う

教育係、後に事実上の宰相

フルーリー

父は地方の収税代行人。聖職者となり宮廷に入り、ルイ14世からルイ15世の教育係を任された。ルイ15世は全幅の信頼をフルーリーに寄せ、成人してからも政治面で頼りっきりだった

妻

マリー・レクザンスカ

十年間で十人の子供を産んだわ。もう体が持たないからくれとお願いしたの

父は元ポーランド王。ルイ15世より7歳年上。2男8女を授かった

フルーリー
亡き後、
影の宰相

愛妾

ポンパドゥール夫人

庶民の出。美貌、才知を武器に約20年間、王の寵愛を受ける。宮廷を牛耳り、ロココ文化を花開かせ、政治にも参与して実質的な宰相として君臨した。王との性的な関係が終わった後も王のために娼館「鹿の園」を用意し、王の性の世話をした。結核で死亡

愛妾

デュバリー夫人

貧しい家庭の私生児として育ち、娼婦同然の生活を送る。故ポンパドゥール夫人の後釜にすわり寵愛を受ける

ルイ15世（1710-74）♕1715-74 ＝ マリー・レクザンスカ

ルイ（1729-65）＝ マリー・ジョゼフ（ザクセン公女）

マリー＝アントワネット（オーストリア皇女）＝ **ルイ16世**（1754-93）♕1774-92

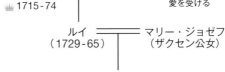

安泰だった幼少期

1 わずか五歳で即位したルイ十五世だったが、摂政になったルイ十四世の甥が意外にも良い働きをしてくれ、平和な幼少期を過ごした。

摂政　フィリップ・ドルレアン

（1674-1723）

サンテール　「フィリップ・ドルレアン」
1710–17年頃　バーミンガム美術館
バーミンガム

放蕩者として有名だったから、まさかそんなに真面目に働くとは誰も思ってなかったみたいだけど、頑張ったよ

夜は女性と酒にうつつをぬかすも、
いいだろ～
やだ～
ギャハハハ
バババババ
昼間は別人のようにしっかり執務をこなした

2 ルイ十四世が指名した教育係フルーリーはルイ十五世にとって最高の先生となった。成人し、親政宣言してからも、結局は、政治はほぼフルーリーに任せきりだった。

教育係で事実上の宰相　フルーリー

（1653-1743）

リゴー　「フルーリー枢機卿」　1728年以降
ナショナル・ギャラリー　ロンドン

温厚で控えめ、質素な生活を好み、権力欲もなかったので、宮廷内で敵も少なかったよ

じいや！ずっとボクを助けてね！
ハイハイ

ルイ十五世は三十二歳になるまでフルーリーに頼った。

十五歳で結婚。お勤めはばっちり

十五歳になったルイ十四世は、七歳年上の元ポーランド王女マリー・レクザンスカと結婚した。マリーは一七二七年から十年で十人の子を産んだ。

王妃　マリー・レクザンスカ

（1703-68）

ナティエ　「マリー・レクザンスカ」　1748年
ヴェルサイユ宮殿　ヴェルサイユ

このまま「夫婦の義務」を果たしていたら命が危ないとドクターストップがかかったから夫を拒否したわ。

もおムリ!!

どうぞどうぞご遠慮なくお好きなように
そお？

じゃ残念だけど他あたるね！

バイバーイ

絶大な影響力を持った寵姫　ポンパドゥール夫人

（1721-64）

平民だけど、裕福なブルジョワ階級の銀行家の娘

本名ジャンヌ・アントワネット・ポワソン

上品で整った顔立ち

高い教養

優雅な立ち居振る舞い

会話のセンスが抜群

ファッションリーダー

ロココ文化を牽引

王のための娼館「鹿の園」を管理した

結核で43歳で死去

実質、王の政治顧問でもあったわ

→パステル画！

ドゥ・ラ・トゥール　「ポンパドゥール夫人」
1755年　ルーヴル美術館　パリ

平民出の人妻が愛妾になるまで

1 ジャンヌは二十歳の時、裕福な収税代行人デティオールと結婚し、そうそうたる知識人が集うサロンを催していた。

ヴォルテール、モンテスキューなど著名な啓蒙思想家
モンテスキュー
ヴォルテール

2 王の寵姫になりたかったジャンヌは、夫の留守中にルイ十五世の心を射止め愛人になった。

えー!! 私の妻が!? イヤだ〜
夫
超高給取りにしてやるから許せ
ルイ15世 35歳
24歳
やったわ! さよならっ

3 王の愛妾にふさわしい身分に上げるため、ルイ十五世はジャンヌに断絶した貴族ポンパドゥールの領地を与え、公爵夫人に叙した。

なんでもやるぞ
うれしいです〜♡

4 寵姫となったポンパドゥール夫人は王妃マリーにも敬意を表したので、マリーも感謝するほどだった。

王妃様に定期的に花束をお贈りください
はい、どーぞ
わかったよ
あら♡

ロココ美術

18世紀初頭からフランス革命まで、
フランスで流行した優美な美術様式

【語源】
人工洞窟の貝殻装飾「ロカイユ」からきている

【特徴】
ルイ14世時代の豪壮華麗な文化に対する反動で起きた。優美、洗練、装飾的な様式

「シテール島の巡礼」　1717年　ルーヴル美術館　パリ

甘美な雰囲気に包まれた
桃源郷的世界

ヴァトー（1684-1721）

「雅《みやび》な宴」の画家と呼ばれる。ロココ絵画の始祖として名高い。36歳で結核により死去。

軽妙洒脱・
自由奔放

ブーシェは私のお気に入りの画家であっただけでなく、セーブル磁器やゴブラン織のデザイン、舞台装飾、衣装まで美術全般のブレーンだったわ

「ポンパドゥール夫人」
1756年
アルテ・ピナコテーク
ミュンヘン

優雅で明るい
現世的な女性美

ブーシェ（1703-70）

「万能の職人」と呼ばれる。神話画、肖像画にとどまらず、風俗画までなんでも描けたが、特に女性の美しさを表現するのに長けていた。

テーマは恋愛！ほ〜ら、私のサンダルが受け取れるかしら？

「ぶらんこ」　1768年頃　ウォレス・コレクション
ロンドン

フラゴナール（1732-1806）

ブーシェの弟子。ロココ最後の画家と呼ばれる。革命へと向かう時代の変化で晩年は不遇だった。

平民から寵姫へ　デュ・バリー夫人

(1743-93)

貧しい家の私生児

本名
マリー＝ジャンヌ・ベキュー

半分眠ったような重いまぶた

色気たっぷり

お針子から娼婦に

王の寵姫になる前はデュ・バリー子爵の愛人

さほど賢くはない

政治的野心はない

愛嬌がある

マリー・アントワネットと対立

革命時ギロチンで処刑される

ヴィジェ＝ルブラン「デュ・バリー夫人」　1782年
ナショナル・ギャラリー　ワシントンD.C.

娼婦が王の愛妾になるまで

1 マリー＝ジャンヌは父親は不明（修道士という説も）。パリのお針子の母親に育てられた。

父・不明
貧しい母子家庭で育つ

2 十七歳の頃からお針子として洋裁店で働きだし、やがてデュ・バリー子爵の愛人となった。

悪いようには〜せんよ グヘヘ〜
お針子やってるよりマシかしら…

3 デュ・バリー子爵が連れてくる男性の夜の相手をしているうち、ルイ十五世に紹介される。

おっこれは!! 彼女なら王も気に入るかもしれない!!
近うよれ

4 マリー＝ジャンヌの魅力の虜《とりこ》になったルイ十五世はデュ・バリー子爵の弟と結婚させて身分を得させ、寵姫とした。

彼女は私が60歳だということを忘れさせてくれる!!
26歳
ぜいたく何でもできればいいわ

未来のルイ十六世とマリー＝アントワネットの結婚

1 ルイ十五世の息子と孫（長男）が次々に亡くなり、王位は孫（次男）のベリー公ルイが継ぐことになった。ルイはオーストリア・ハプスブルク家の皇女マリー＝アントワネットと結婚した。

1770年
お兄ちゃんがいたから国王になるなんて思ってもみなかったのに…
15歳
かわいーい!!
ワーワー
私は16人兄弟姉妹の下から2番目。お母さんは女帝マリア・テレジアよ（P. 37）
14歳
バンザーイ
おめでとうございます〜

2 マリー＝アントワネットはルイ十五世の愛人デュ・バリー夫人を嫌った。このことがフランスとオーストリアの外交問題にまで発展。

反デュ・バリー
オホホホ
プイッ
さああちらへ
あの小娘がこの私を無視するのです!! なんとかしてください!!
陛下が侮辱されているのですよっ!
わかったわかった…どうにかしてくれ〜
アントワネット!!
意地をはるのはやめて誰にでも分け隔てなく話しかけなさい!
母マリア・テレジア
キ〜くやしい〜
今日のヴェルサイユ宮殿はたくさんの人ですこと…
ボソッ…
勝利
いやった〜

周囲の説得に折れたマリー＝アントワネットが声をかけたことで事なきを得た。

ルイ十五世の死

1 四年後、ルイ十五世は天然痘にかかった。死を覚悟した王はデュ・バリー夫人をヴェルサイユから立ち去らせた。

ウゥ…
ご退場下さい
もうよい行け…
神を侮辱し、国民のひんしゅくを買ったことを赦したまえ…

五月十日、王は苦しみながら六十四歳で世を去ったが、国民は誰一人関心を持たなかった。

2 デュ・バリー夫人は後のフランス革命で捕らえられ、処刑された。

21年後
50歳
キ〜
やめて〜
みんな彼女くらい命乞いしてくれたら怖くなって執行の数も少しは減ったろうに…
死刑執行人サンソン
←元恋人同士
（P. 114）

ルイ16世

ギロチンの露と消えた王

（1754-93）　♛1774-92

絶対王政期のブルボン朝最後の王

デュプレシス　「ルイ16世」
1774-76年頃　ヴェルサイユ宮殿
ヴェルサイユ

カレ　「ルイ16世」　1788年
ヴェルサイユ宮殿　ヴェルサイユ

ギロチンの切れ味をアップさせたのはボクとも言われてるね
スパッと切れてよかったよ…

19歳で即位

革命の動きが
出てからは
政治的になんとか
対処しようと努力した

たった1票の差で
処刑が決定

ギロチン台で
処刑された

勉強は一通りできた

理系

おっとり

妻一筋

狩り、
錠前作りが趣味

財務長官 **ネッケル**（1732-1804）

財政危機を改善しようと特権階級への課税を提案するも実現せず。彼の罷免が民衆蜂起のきっかけとなった

フランス革命家

ロベスピエール
（1758-94）

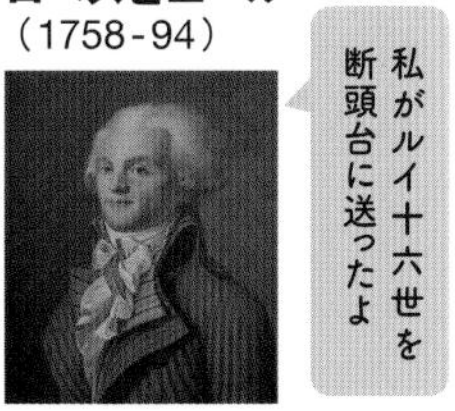

私がルイ十六世を断頭台に送ったよ

最も急進的な共和派で国王の処刑、封建的特権の完全廃止を推進。独裁権力を握り恐怖政治を行う。テルミドール9日のクーデターで処刑される

ルイ15世
｜
ルイ

- ルイ・ジョゼフ・グザヴィエ（1751-61）
- **ルイ16世**（1754-93） ＝ **マリー＝アントワネット**（1755-93）
  - マリー・テレーズ・シャルロット（マダム・ロワイヤル）（1778-1851）
  - ルイ・ジョゼフ（1781-89）
  - ルイ・シャルル（1785-95）後のルイ17世
  - ソフィー（1786-87）
- プロヴァンス伯ルイ（1755-1824）後のルイ18世
- アルトワ伯シャルル（1757-1836）後のシャルル10世
- エリザベート（マダム・エリザベート）（1764-94）

ヴィジェ＝ルブラン「バラを持つマリー＝アントワネット」1783年　ヴェルサイユ宮殿　ヴェルサイユ

マリー＝アントワネット

（1755-93）

日本には、傑作漫画「ベルサイユのばら」の影響で、私たちのことを驚くほどよく知っている方がたくさんいらっしゃるらしいわね

- オーストリア・ハプスブルク家の皇女
- 18歳で王妃に
- 頭は悪くないが勉強が嫌い
- 思慮が浅い
- ダンスや賭け事が大好き
- ファッションリーダー
- 子煩悩
- 政治や人事にも口を出した
- 浪費ぶりが民衆の憎悪の的に
- ギロチンで処刑される

お気に入りを連れて、トリアノン離宮で田舎暮らしの真似事などをして遊び暮らした

ポリニャック公爵夫人

（1749-93）

王妃の寵臣。すみれ色の瞳を持つ美女。特権、富を独占し宮廷、民衆から憎悪された。革命は逃げのびたが病死

フェルセン伯爵

（1755-1810）

スウェーデンの名門貴族。王妃の恋人とされる。革命時ルイ16世一家の逃亡を手助けするも失敗。のちに故国で民衆に惨殺される

それぞれ勝手気ままに過ごす国王夫妻

1 ルイ十六世は儀礼や公務に全く身が入らず、いつも小屋にこもって錠前作りなどの鍛冶仕事ばかりしていた。

一方、妻マリー＝アントワネットも謁見などの公務を嫌がり、夜のパリにお忍びで繰り出し、仮面舞踏会や賭け事、オペラなどに興じ、遊び回っていた。

1775年頃
（20歳）
フェルセン伯…
道ならぬ恋とは承知の上
王妃様…
同い年の二人

2 ルイ十六世はブルボン家の王の中で唯一の愛妻家で愛妾を持たなかった。しかし、マリー＝アントワネットは、スウェーデン貴族のフェルセンと知らぬ者はいない愛人関係を持ったとも。

超美人
恥ずかしながらお金がないのです…
そんなこと!!
私が借金は肩がわりしますし、だんな様は給料のいい職につけてさし上げますわ!!

3 またマリー＝アントワネットはポリニャック公爵夫人を異常なほど寵愛し、彼女の一族を次々に高い地位につけ、周りの反感を買った。

ルイ十六世とマリー＝アントワネットの子供たち

国王夫妻にはなかなか子供ができなかったが、結婚七年目にして待望の長女が生まれた。

↓空のゆりかご

長男　ルイ＝ジョゼフ
七歳で病死

次男
ルイ＝シャルル
ルイ十七世となるもタンプル塔に幽閉されたまま
十歳で病死

長女
マリー・テレーズ・シャルロット
唯一天寿を全う

二人の間には二男二女が生まれたが、末娘ソフィーは生後十一カ月で夭折した。

ヴィジェ＝ルブラン　「マリー＝アントワネットと子供たち」
1787年　ヴェルサイユ宮殿
ヴェルサイユ

【モード大臣】

針一本で権力の中枢まで上り詰めたわ

ファッションリーダー マリー＝アントワネット

ローズ・ベルタン
（1747 - 1813）

田舎町の庶民の家に生まれ、19歳頃パリに上京。お針子として働き始めるとすぐに頭角を現し、26歳頃自分の店「オ・グラン・モゴル」を持つ。翌年から王妃御用達モード商となり大量の注文を受け、莫大な富を築く。革命期、タンプル塔に幽閉された王妃に衣装を届け続けた。革命は生き延びるも晩年は過去の人となり、66歳で病死

A.
Marie Antoinette, Archiduchesse d'Autriche, Reyne de France, en Robe de Cour, garni de Perles, de guirlandes et de glands, avec un Manteau Royal violet, orné de Fleurs de Lys d'Or. Coeffé de Perles, Fleurs, Aigrettes et Epingles à Diamants
A Paris chez Basset Rue St Jacques au coin de celle des Mathurins à l'Image Ste Genevieve   Avec Priv. du Roy

ベルタンの作る服が大のお気に入りだったわ
彼女は私の側近中の側近よ

「大盛装」姿の王妃

パニエによってスカートを極限にまで膨らませるスタイル。布地が何層も重なっているので非常に重く、身体への負担が大きかった

頭がつっかえて、馬車に乗り込むこともできないから、その場で高さを調整できる方法も編み出されたわ

もはや発明の域！ ベルタンスタイル

「プフ」というクッションを頭に載せ、その上を思いのままにデコレーションする。

「そびえ立つ髪型」
髪の毛を垂直に盛り上げ、ポマードで不動の状態に固定する。1メートル近いものも

＋

「寓意的縁なし帽」
プフの上に、**家柄や、趣味、好きなもの、気持ち**などを象徴的な小物を用いて表現する。
例えば…
・軍人の夫人であれば、剣や勲章
・5人の子供の母親であれば、5体の人形
・イングランド式庭園が好きなら、高い山、野花が咲く草原、きらめく小川をあしらう

＋

「大きな羽根飾り」

＝

Coeffure à l'Independance ou le Triomphe de la liberté
これは「アメリカ独立戦争を応援」ヘアーよ

シュミーズドレスは大流行

ベルタンが考案してくれた「自然派の田舎風ファッション」は重すぎる服から私を解放してくれたわ

ヴィジェ＝ルブラン　「シュミーズドレス姿のマリー＝アントワネット王妃」　1783年以降
ナショナル・ギャラリー　ワシントンD.C.

流行を生み出す3人の女たち

私は肖像画を描く時、「そびえ立つ髪型」より、麦藁帽子や自然にたらす髪型をよくご提案しました。ベルタン氏のシンプルなドレスとの組み合わせは、皆、最初は驚いたけど、その後大人気になり、いっぱい注文がきました

今ならカリスマインフルエンサーね
さあさあ
アートディレクター
ヴィジェ＝ルブラン
ファッションデザイナー＆スタイリスト
ベルタン
カリスマモデル
マリー＝アントワネット

18世紀の風刺画より

とんでもヘアスタイル制作現場

とんでもヘアスタイルおでかけ現場

そちらにはとてもかないませんがね
あなたもなかなかね
おっとっと…
しっかり固定してちょうだいね
ヒ〜っ
なんちゅーこっちゃー
髪の毛そのもののカットやセットは美容師の仕事
ベルタン
「頭髪を飾る」のは私の仕事よ。だから飾りは全部、私ね

首飾り事件

　一七八五年、史上稀に見る大詐欺事件が起きた。マリー＝アントワネットは全くの被害者だったが、この事件をきっかけに、王妃は「とんでもない浪費家」で「ふしだらな女」という悪いイメージが民衆の間で決定的となり、その後の王家の運命に大きな影響を与えた。

　ある宝石商がルイ十五世に売りつけるために途方もなく高額な首飾りを作ったのが事の発端だった。しかし、ルイ十五世が亡くなったため、代わりにマリー＝アントワネットに売り込んだが、あまりの高額に断られる。

　困った宝石商に女詐欺師ラ・モット伯爵夫人が近づいた。彼女は自分の愛人ロアン枢機卿を利用して首飾りを代理購入させ、騙し取る計画を立てた。

　ロアン枢機卿は以前より王妃からひどく嫌われており、なんとか関係を改善したいと願っていた。そこにつけこみ、ラ・モット伯爵夫人はロアン枢機卿に「王妃があなたに代理で首飾りを購入してもらいたいと頼んできた」と、王妃の偽のサインが入った契約書を渡す。

　ロアン枢機卿は「王妃の代理」として宝石商と取引。首飾りをラ・モット伯爵夫人に渡した（首飾りはすぐにバラされ外国で売却された）。

　待てど暮らせど代金が支払われないことに業を煮やした宝石商が王妃に請求書を持っていったところ、事件が発覚。

　王妃は激昂し、ラ・モット伯爵夫人、特にロアン枢機卿に厳罰を与えるよう訴え告訴した。しかし民衆は「あのふしだらで浪費家の王妃ならやりかねない」とロアン枢機卿に同情的に。判決はラ・モット伯爵夫人は厳罰だったが、ロアン枢機卿は無罪。王妃の敗北に民衆は狂喜した。

王妃様が あなたに 代理でコレを 買ってほしいと
ラ・モット
160万ルーブル (約192億)
えっ!?
ロアン枢機卿
これで王妃様に貸しができる
枢機卿なら信用できる
契約書
宝石商
首飾り
ではこちらは私から王妃様にお渡ししますね
首飾り
女の夫がバラしてイギリスで売却
こんなもの、私は買った覚えはありません!
請求書
宝石商
えー! でもロアン枢機卿が王妃様の代理で購入されて…。もうお品物もお渡ししております!!
知りません!
訴えます!
ラ・モットは有罪
ロアン枢機卿 無罪!
王妃
な、なんですって…

止められない革命への激流

財政改革の失敗

1 一七八〇年代後半、フランスの国家財政は危機的状況に陥っていた。マリー＝アントワネットの浪費もあったが、一番の原因はアメリカ独立戦争へ参戦したことだった。

平民の税負担はもう限界で、これ以上の増税は無理だ。もはや、これまで負担がなかった特権階級に課税するしかない！
これしかないんです!!
ネッケル (P. 105)
カロンヌ (P. 118)
再びネッケル ← ブリエンヌ
民衆↓ そうだそうだ!!
よく言った!!
貴族↓ そんなの絶対ダメだ!

何人もの財務責任者が抜本的改革を訴えたが貴族や聖職者の反対に遭い、誰も成果を上げられなかった。

全国三部会の招集

2 貴族たちは新税の創設には三部会の開催が不可欠とルイ十六世に要求。国王はそれを認めた。

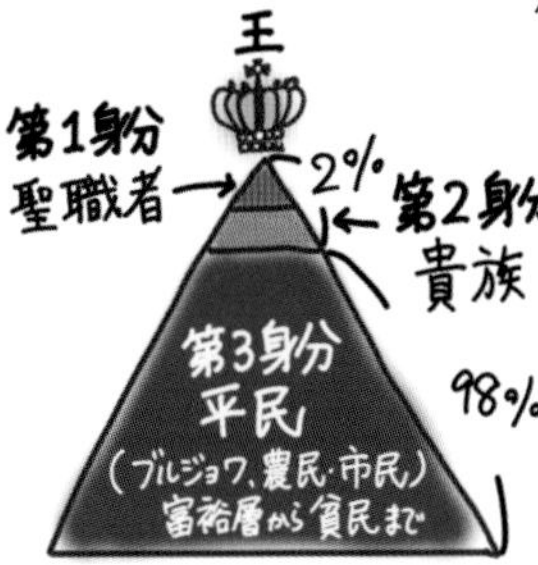

王
第1身分 聖職者
2%
第2身分 貴族
第3身分 平民 （ブルジョワ、農民・市民） 富裕層から貧民まで
98%

三部会とは王によって招集され、聖職者・貴族・平民の3身分の代表が課税問題を討議する身分制議会

開幕したものの、国王が「審議も議決も身分ごと」としたことに第三身分が猛反発。彼らは独自に「国民議会」を設立した。

1789年5月

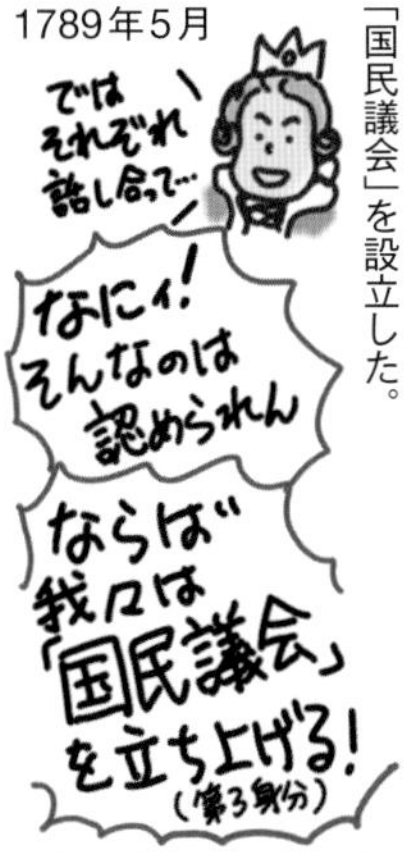

では それぞれ 話し合って…
なにィ! そんなのは 認められん
ならば 我々は 「国民議会」 を立ち上げる! （第3身分）

「国民議会」を認めない国王は三部会の議場から第三身分を閉め出した。

な、何ですと? 「国民議会」って? 新税の話をしようって言ってるのに…
開けろ〜
バカヤロ

球戯場の誓い

ジュ・ド・ポーム

3 閉め出された第三身分の代表者たちはテニスコートに集まり、「憲法制定」まで闘い続けると決意表明する。

憲法が制定されるまで議会は解散しない!!
オー
やるゾー
やりきるゾー

ネッケルの罷免

4 ルイ十六世は「平民大臣」として民衆から人気のあった財務長官ネッケルを罷免した。それが民衆蜂起の引き金となった。

全く成果が上がらないんだから仕方がない…
くびッ
平民人気に調子にのって貴族に増税なんかたくらむな! やめちまえ （貴族）
（第3身分） なっに〜〜!
我々の味方を切り捨てやがった
ついに王が牙をむいたゾー
武器を持って立ち上がれ!

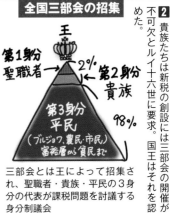

バスティーユ監獄襲撃

1789年7月14日

5 軍隊がパリを包囲し始めるとパリの民衆は不安に陥り、武器を求めて「アンヴァリード（廃兵院）」を襲い、ついでバスティーユ監獄を襲撃した。

その日1日中狩りに行っていた
え？暴動？
陛下！革命でございます！

大恐怖

革命の嵐はパリから農村にも広がり、各地で領主の館が農民に襲われた。

革命の成果

1789年8月

6 （国民議会改め）憲法制定国民議会は、「大恐怖」を抑えるため、封建的特権の廃止を決議し、人権宣言を採択した。

【封建的特権の廃止】

- 身分制社会の否定
- 免税特権の廃止
- 教会の10分の1税の廃止
- 農奴制の廃止

【人権宣言】

人間は
生まれながらにして自由であり、
権利において平等である

DECLARATION DES DROITS DE L'HOMME ET DU CITOYEN
PREAMBULE
AUX REPRESENTANS DU PEUPLE FRANCOIS

ル・バルビエ「一七八九年の人間と市民の権利の宣言」
一七八九年頃 カルナヴァレ美術館 パリ

ヴェルサイユ行進

1789年10月

7 食糧不足と高騰に怒ったパリの女性たち約七千人に国民衛兵が加わって、ヴェルサイユ宮殿に向けて行進し、宮殿に乱入、国王夫妻をパリに連行した。

パンのためなら20km、往復10時間も何のその!!
ルイ16世夫妻
作戦大成功！
……
パリに連れて帰ろう！
パン屋を
←王のこと
やったやった

これにより、憲法制定国民議会もパリに移り、革命をさらに前進させる要因となった。

二年後、ヴァレンヌ逃亡事件

1 国王一家はいよいよ身の危険を感じ、国外脱出を試みた。周到に準備したが、途中で見破られ捕らえられた。

1791年6月20日
庶民に化けていたが新品の豪華馬車と銀食器まで積んだ大量の荷物でバレした
貴様ら国王一家だな!
キャ～
ワワワ…
逃亡の手引きをしたのはスウェーデン貴族のフェルセン（王妃の恋人）だった
なんということだ…

2 この事件により、民衆にまだ残っていた国王への敬慕の念は完全に失われた。翌一七九二年八月、（憲法制定国民議会改め）立法議会は王権の停止を宣言。十月、国王一家はタンプル塔に幽閉された。

作者不詳　「タンプル塔」　1789年頃
カルナヴァレ美術館　パリ

ルイ16世
38歳
マリー＝アントワネット
36歳
王妹エリザベート
28歳
長女マリー・テレーズ
13歳
次男ルイ＝シャルル
7歳

翌月、元国王の裁判

同年九月、（立法議会改め）選挙によって招集された国民公会により、共和政の樹立が宣言され、ブルボン朝は消滅した。元国王の裁判が開かれ、翌一七九三年一月、処刑すべきか否かの採決には長い時間がかかったが、一票差で死刑と決まった。

急進的
ジャコバン派のリーダー
ロベスピエール
（1758-94）

共和政が樹立されたということは王の存在は許されない!

冷酷な論客
サン＝ジュスト
（1767-94）

人は罪なきものとして王たりえない
（＝王であることが罪）

こう主張し、ルイ十六世を断頭台に送った彼らもまた一年後、ギロチンで処刑された。

ルイ十六世とマリー＝アントワネットの処刑

1 ルイ十六世の死刑は判決の翌朝、一七九三年一月二十一日に執行された。ルイ十六世は断頭台に上がると、死刑執行人らを押しのけ、民衆に向かって、

死刑執行人
サンソン
私は無実のまま死ぬ。しかし諸君らのことは許そう。願わくば私の血がフランス人の幸せの礎《いしずえ》となるように…
38歳

と告げたという。これが最後の言葉となった。

DEATH of LOUIS XVI. King of FRANCE
who was beheaded Jan.y 21. 1793.

首の切断を確実なものにするために刃の形を三日月型から三角形型に改良することを提案したのはルイ16世だったとも（諸説あり）
ギロチンは受刑者の苦痛をやわらげるための人道的処刑装置として、内科医で国民議会議員でもあったギヨタンの主導のもと開発された

私はこの時期の死刑執行を一人で担当し、2710名の首を切り落としたよ
私もギロチンの開発に携わった
効率が良すぎてね

死刑執行人
シャルル＝アンリ・サンソン

サンソン家は代々死刑執行人を勤める家系で、シャルル＝アンリは四代目。若い頃、お針子時代のデュ・バリー夫人の恋人だった時期もあったが、デュ・バリー夫人の処刑も自ら行った。

斬首後、革命派によって民衆に示されるルイ十六世の首

2 王妃マリー＝アントワネットの処刑は、同年十月十六日に執行された。

ハミルトン　「ギロチン台に引き立てられるアントワネット」　1794年
フランス革命博物館　ヴィジーユ

クシャルスキ　「タンプル塔のマリー＝アントワネット」
1793年頃
ヴェルサイユ宮殿　ヴェルサイユ

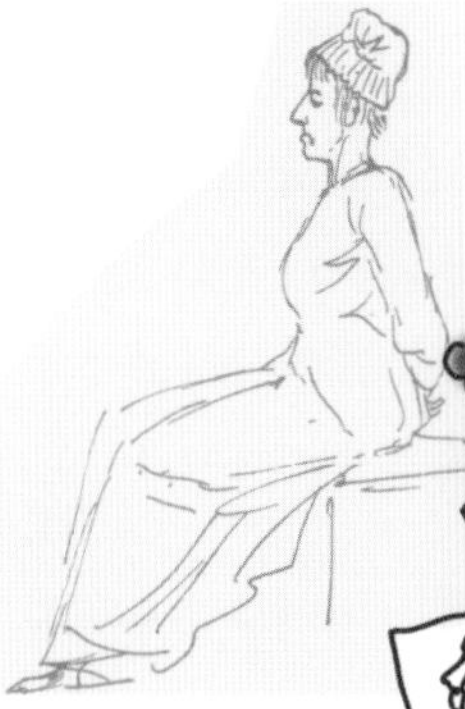

ダヴィッド画・処刑場の革命広場（コンコルド広場）に荷馬車で連行される王妃

王妃の最後の言葉はサンソンの足を踏んでしまい「ごめんなさい、ムッシュー。わざとではございませんのよ」だったと言われる。

国王と王妃は共に威厳を保ったまま断頭台の露と消えた。こうして絶対王政でフランスに君臨したブルボン朝二百年の歴史は幕が下ろされた。

（後にルイ十六世の弟たちによって王政復古するが絶対王政ではなく立憲王政）

王妹エリザベートは翌年一七九四年五月、処刑された。三十歳だった。

ヴィジェ＝ルブラン画

長女マリー・テレーズは一人生き残り、天寿を全うした。

享年72

次男ルイ＝シャルルはタンプル塔内に幽閉されたまま、二年後に十歳で亡くなった。

「自画像・麦藁帽子」 1782年以降
ナショナル・ギャラリー ロンドン

筆一本で革命期を生き抜いた凄腕の宮廷画家

エリザベート＝ルイーズ・ヴィジェ＝ルブラン

（1755-1842）

最後のロココ的
肖像画家

「そびえ立つ髪型」や
かつらが大嫌い

パリで
画家の家に
生まれる

12歳の時、
父が死去

15歳頃から
肖像画家として自立

19歳で
聖ルカ画家組合員になる

21歳で画商
ピエール・ルブランと
結婚

マリー＝アントワネットのお気に入りの
画家になり、多くの肖像画を手がける

ルイーズの夕食会はパリの花形に

25歳、娘ジュリーを出産

34歳、革命時、幼い娘を連れて亡命

12年間海外を遍歴する

イタリア（諸都市）→ウィーン→サンクト
ペテルブルク→モスクワ→ベルリン→パリ
→ロンドン→オランダ→ベルギー→パリ

39歳、離婚

64歳、娘に
先立たれる

享年86

最愛の娘ジュリーは私が反対する相手と結婚しちゃって…。それから仲が険悪になっちゃったわ。

「娘ジュリーとの自画像」 1786年 ルーヴル美術館 パリ

十五歳でもうプロの肖像画家として家計を支えてたわ

「自画像」 1790年 ウフィツィ美術館 フィレンツェ

「自画像」　1794年
ルーヴル美術館　パリ

革命派の代表的画家

ジャック＝ルイ・ダヴィッド

（1748-1825）

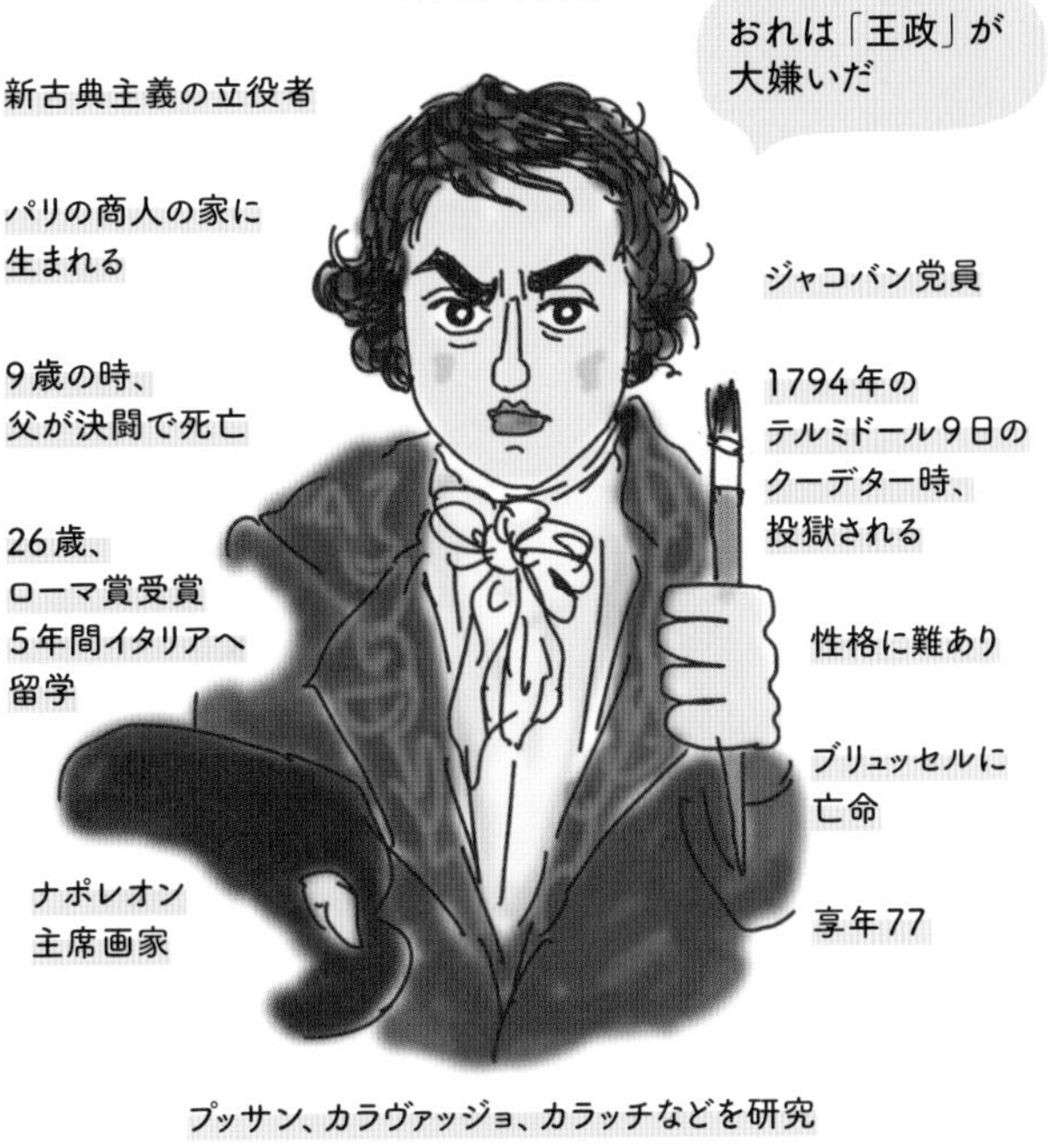

おれは「王政」が
大嫌いだ
新古典主義の立役者
パリの商人の家に
生まれる
9歳の時、
父が決闘で死亡
26歳、
ローマ賞受賞
5年間イタリアへ
留学
ナポレオン
主席画家
ジャコバン党員
1794年の
テルミドール9日の
クーデター時、
投獄される
性格に難あり
ブリュッセルに
亡命
享年77
プッサン、カラヴァッジョ、カラッチなどを研究

ヴィジェ＝ルブランより７歳年長だったダヴィッドはロココ様式を脱却し、硬質な新古典主義絵画の代表的画家となった。ルイ16世の注文なども受けていたが、革命が勃発すると、自らもジャコバン党員になるなど、革命運動に積極的に参加。ロベスピエールらの失脚時（テルミドール9日のクーデター）には、ダヴィッドも投獄された。その後、ナポレオンの主席画家に任命され、数多くのナポレオン像を描いたが、ナポレオン失脚時に、ブリュッセルへ亡命。客死した。

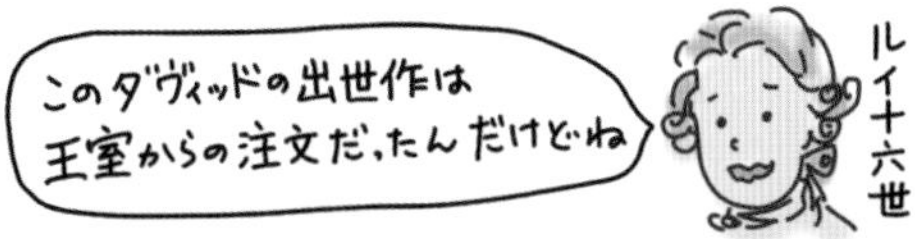

このダヴィッドの出世作は
王室からの注文だったんだけどね
ルイ十六世

私はジャコバン党の指導者
だったんだけど、入浴中に若い
女に刺し殺されてしまったんだ。
そのシーンだよ…
À MARAT.
DAVID

「マラーの死」　一七九三年　ベルギー王立美術館　ブリュッセル

「ホラティウスの兄弟の誓い」　1784年　ルーヴル美術館　パリ

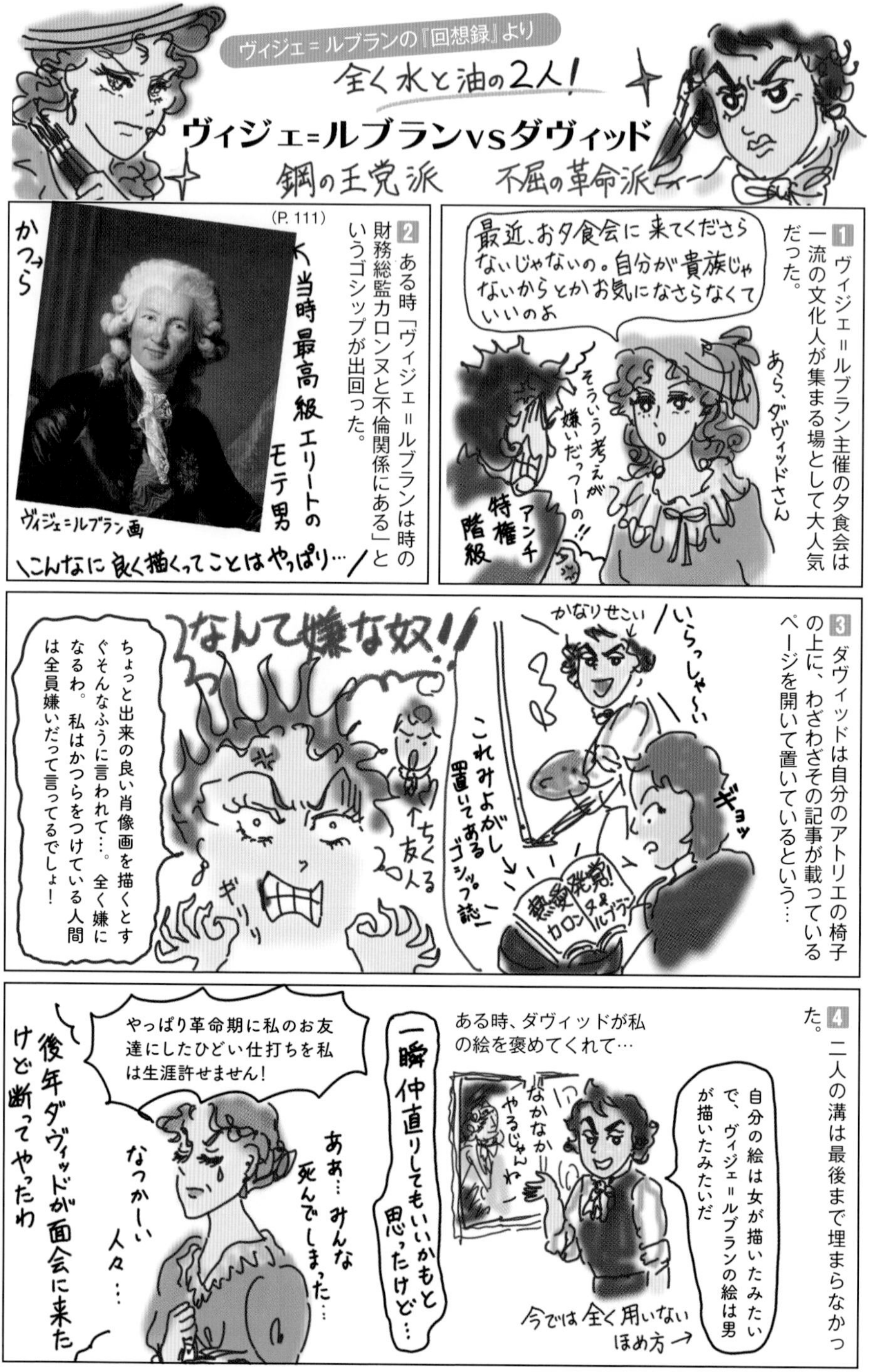
ヴィジェ＝ルブランの『回想録』より
全く水と油の2人!
ヴィジェ＝ルブランVSダヴィッド
鋼の王党派
不屈の革命派
1 ヴィジェ＝ルブラン主催の夕食会は一流の文化人が集まる場として大人気だった。
最近、お夕食会に来てくださらないじゃないの。自分が貴族じゃないからとかお気になさらなくていいのよ
あら、ダヴィッドさん
そういう考えが嫌いだっつーの!!
アンチ特権階級
2 ある時「ヴィジェ＝ルブランは時の財務総監カロンヌと不倫関係にある」というゴシップが出回った。
(P. 111)
かつら
当時最高級エリートのモテ男
ヴィジェ＝ルブラン画
こんなに良く描くってことはやっぱり…
3 ダヴィッドは自分のアトリエの椅子の上に、わざわざその記事が載っているページを開いて置いているという…
かなりせこい
いらっしゃ〜い
ギョッ
これみよがし置いてあるゴシップ誌
熱愛発覚!
カロンヌ&ルブラン
なんて嫌な奴!!
ちくる友人
ギリリ
ちょっと出来の良い肖像画を描くとすぐそんなふうに言われて…。全く嫌になるわ。私はかつらをつけている人間は全員嫌いだって言ってるでしょ!
4 二人の溝は最後まで埋まらなかった。
ある時、ダヴィッドが私の絵を褒めてくれて…
自分の絵は女が描いたみたいで、ヴィジェ＝ルブランの絵は男が描いたみたいだ
なかなかやるじゃんね
今では全く用いないほめ方
一瞬仲直りしてもいいかもと思ったけど…
やっぱり革命期に私のお友達にしたひどい仕打ちを私は生涯許せません!
ああ… みんな死んでしまった…
なつかしい人々…
後年ダヴィッドが面会に来たけど断ってやったわ

革命によって美術も動き出す

ゆるふわ、軽妙！
ロココ〜

堅硬で真面目！
「新古典主義」

ザ・アカデミズムのお手本のような絵画！

ナポレオン登場！

- 不動の決定的瞬間
- 重厚な歴史的テーマ
- 安定した構図
- 理想美＆普遍性

ダヴィッド　「ナポレオンのアルプス越え」　1801年
シャルロッテンブルク宮　ベルリン

↑ナポレオンの主席画家になる

ルイ十六世の処刑後、権力を掌握したロベスピエールらジャコバン派は、反革命と見なした人々を次々に断頭台に送った（フランス全土では数万人とも）。（ジャコバン派すら処刑する）恐怖政治の中、ロベスピエール自身も「テルミドール九日のクーデター」で逮捕され、処刑された。

ジャコバン派の失脚後も混乱は収まらず、人々は強力な指導者を望んでいた。そこに現れたのがナポレオンだった。

コルシカ島生まれの軍人だったナポレオンは、非凡なる軍事的才能で次々に戦勝を重ね、王党派の反乱を鎮圧。一七九九年、「ブリュメール十八日のクーデター」を起こして、三人による統領政府を樹立。自らが第一統領となり、事実上の独裁権を握った。

- 1789　バスティーユ監獄襲撃
- 1792　オーストリアへ宣戦布告
- 1793　ルイ16世処刑
- 1794　テルミドール9日のクーデターでロベスピエールら失脚、処刑
- 1795　総裁政府が成立　ナポレオン、王党派の蜂起を鎮圧（国内軍司令官に）
- 1796　ナポレオン、イタリアでオーストリア軍を破る
- 1798　ナポレオン、エジプト遠征
- 1799　ブリュメール18日のクーデター。ナポレオン、政権を掌握

ナポレオン、フランス革命終了を宣言

※ヨーロッパ諸国は革命が飛び火するのを恐れ、対仏同盟を組んで革命とナポレオンに対抗した＝ナポレオン戦争

ダヴィッドとナポレオンの記念碑的大作

ダヴィッド画　祝「皇帝ナポレオン誕生」

これは絵ではない。
まるで歩いて入れるようだ！

ダヴィッド　「ナポレオン１世の戴冠式と皇妃ジョゼフィーヌの戴冠」　1805−07年
ルーヴル美術館　パリ

4コマで読む！

〈ナポレオン・ボナパルトの人生〉

1 革命政府軍の軍人ナポレオンは王党派の反乱を鎮圧し頭角を現した。後にクーデターを起こし政権を握った。

1769年生まれ
コルシカ島の貧乏貴族出身
クーデターが成功し私が実権を握った時に「フランス革命終結」を宣言したよ
30歳

2 「革命の理念の拡大」を大義名分とした実質的には侵略戦争を起こし、占領地の拡大に成功。ナポレオン、皇帝に即位。

国民投票で選ばれたのだよ
35歳

3 一時はヨーロッパ大陸をほぼ征服したが、ロシア遠征に失敗、各国で解放戦争が起こり、退位に追い込まれる。

やばい…雲行きがあやしくなってきたぞ…

4 エルバ島に流されたが、脱出。再び皇帝位につくも「百日天下」に終わり、今度はセントヘレナ島に流され死去した。

パリ
出身地コルシカ島
最初の流刑地エルバ島
アフリカ大陸
セントヘレナ島で51歳で死去
最後はずいぶん遠い所まで来たな

さあ、新しい時代へ
いくわよ〜

動的で感情的！

「ロマン主義」

1804　皇帝ナポレオン即位（第1帝政）

1812　ナポレオン、ロシアに遠征、失敗

1814　ナポレオン退位
ルイ18世即位
（復古王政）
ウィーン会議

1815　ナポレオン復位
（百日天下）

くーーー！
ナポレオンもダメか！ もはや亡命するしかない
67歳

ドラクロワ　「民衆を導く自由の女神」　1830年　ルーヴル美術館　パリ

1824　シャルル10世即位

1830　**7月革命**

シャルル10世の政治に怒った市民が蜂起、勝利。シャルル10世は亡命。自由主義者として知られたオルレアン公ルイ・フィリップ（P. 100フィリップ・ドルレアンのひ孫）が王位についた

この絵はフランス革命の絵として有名だけど厳密にいうと「7月革命」が題材だよ
ドラクロワ

ナポレオン一世が去ってからも七月革命、二月革命と争乱は続いた。第二帝政のナポレオン三世が普仏戦争に敗れるとパリで民衆の蜂起が起き、最後の帝政が崩壊した。労働者や民衆が中心の世界初の自治政府パリ＝コミューンが樹立されるが、ブルジョワ層が支持する臨時政府に倒された。一八七五年、共和国憲法が制定され、第三共和政が確立。

そして、ヨーロッパは第一次世界大戦へと向かっていく。

1840　モネ、ルノワール生まれる

僕ら「印象派」の時代ももうすぐそこさ

1848　**2月革命**
ルイ＝フィリップ亡命
第2共和政樹立

1852　ルイ＝ナポレオン（ナポレオン1世の甥）が皇帝ナポレオン3世となる（第2帝政）

1855　第1回パリ万国博覧会

1870　普仏戦争勃発、第2帝政崩壊

1871　パリ＝コミューン

1875　共和国憲法（第3共和政）

1914　第1次世界大戦勃発

財力でヨーロッパ中に多大な影響を及ぼした

イタリア・フィレンツェの富豪

メディチ家

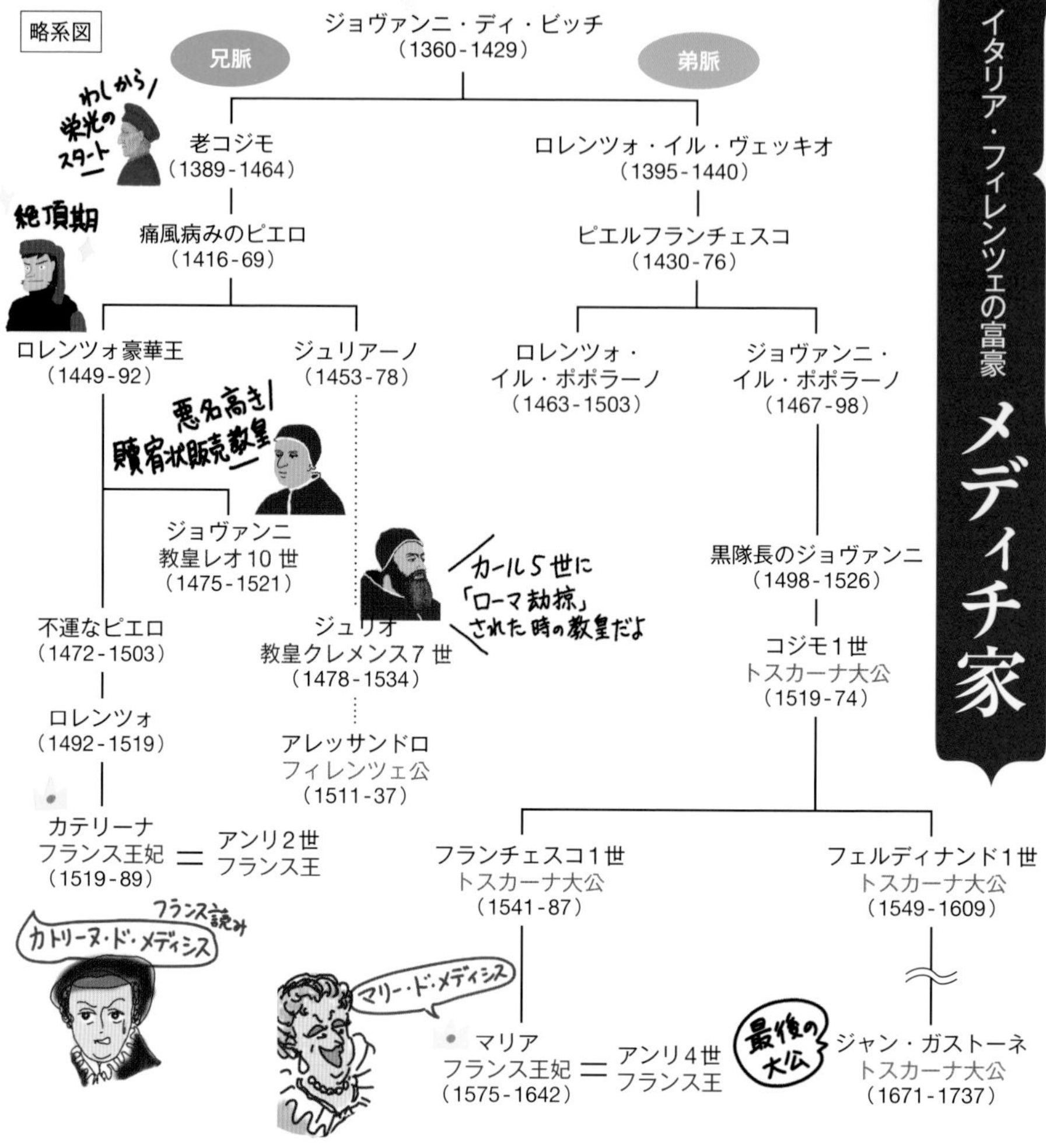
略系図
ジョヴァンニ・ディ・ビッチ
（1360-1429）
兄脈
弟脈
わしから栄光のスタート
老コジモ
（1389-1464）
ロレンツォ・イル・ヴェッキオ
（1395-1440）
絶頂期
痛風病みのピエロ
（1416-69）
ピエルフランチェスコ
（1430-76）
ロレンツォ豪華王
（1449-92）
ジュリアーノ
（1453-78）
ロレンツォ・
イル・ポポラーノ
（1463-1503）
ジョヴァンニ・
イル・ポポラーノ
（1467-98）
悪名高き贖宥状販売教皇
ジョヴァンニ
教皇レオ10世
（1475-1521）
カール5世に「ローマ劫掠」された時の教皇だよ
黒隊長のジョヴァンニ
（1498-1526）
不運なピエロ
（1472-1503）
ジュリオ
教皇クレメンス7世
（1478-1534）
コジモ1世
トスカーナ大公
（1519-74）
ロレンツォ
（1492-1519）
アレッサンドロ
フィレンツェ公
（1511-37）
カテリーナ
フランス王妃
（1519-89）
アンリ2世
フランス王
フランチェスコ1世
トスカーナ大公
（1541-87）
フェルディナンド1世
トスカーナ大公
（1549-1609）
フランス読み
カトリーヌ・ド・メディシス
マリー・ド・メディシス
マリア
フランス王妃
（1575-1642）
アンリ4世
フランス王
最後の大公
ジャン・ガストーネ
トスカーナ大公
（1671-1737）

　二人の教皇と、国政に多大な影響を及ぼした二人のフランス王妃を輩出したメディチ家とはどんな一族だったのでしょうか？

　この本では王の家系に生まれた人々を追ってきましたが、メディチ家の父祖は貴族ではなく、庶民の出でした。商人として出発し、後にフィレンツェの君主となりました。

　フィレンツェでルネサンスが始まった頃、ジョバンニ・ディ・ビッチが銀行業で成功し、メディチ家がフィレンツェの政財界で頭角を現しました。老コジモは父から受け継いだ銀行業をさらに発展させ、ヨーロッパの主要な都市に支店の網を張り巡らせて莫大な富を築きました。また彼は芸術のパトロンとしてもルネサンスの発展に大きく貢献しました。

　老コジモの孫ロレンツォ豪華王の時代が、レオナルド・ダ・ヴィンチやミケランジェロ、ラファエ

カトリーヌ・ド・メディシス

クルーエ 「カトリーヌ・ド・メディシス」 1559年以降
カルナヴァレ・パリ歴史美術館
パリ

マリー・ド・メディシス

ルーベンス 「マリー・ド・メディシスのマルセイユ上陸」
1622-25年
ルーヴル美術館 パリ

レオ10世

さすがの審美眼を
持ってるわしは
ラファエロに
描いてもらった
わい

ラファエロ「レオ10世」1518年
ウフィツィ美術館 フィレンツェ

クレメンス7世

わしはミケランジェロに
色々仕事を頼んだよ

デル・ピオンボ 「クレメンス7世」
1531年頃 J・ポール・ゲティ
美術館 ロサンゼルス

ロが活躍するルネサンス最盛期で、共和国時代のメディチ家の最盛期でした。

　ロレンツォ豪華王の息子ジョヴァンニがローマ教皇（レオ十世）に選出されましたが、贅沢好きで腐敗したローマ教会の象徴となってしまいます。彼が資金づくりのために販売した贖宥状《しょくゆうじょう》がきっかけとなり、宗教改革が始まりました。

　二人目のメディチ家出身の教皇クレメンス七世は、神聖ローマ皇帝カール五世との関係悪化から、「ローマ劫掠」を引き起こしてしまいます。カール五世に屈した一方で、クレメンス七世は遠縁のカテリーナ（カトリーヌ・ド・メディシス）をフランス王家へ嫁入りさせました。

　カテリーナの夫アンリはフランソワ一世の次男で王位継承の筆頭ではありませんでしたが、長男が没したためフランソワ一世の跡を継いでアンリ二世となり、カテリーナはメディチ家初のフランス王妃となりました。十人の子をもうけましたが、次々に亡くなり、彼女の息子の代でヴァロア朝は断絶しました。

　二人目のフランス王妃マリー・ド・メディシスはアンリ四世の再婚相手として嫁ぎ、後継者となるルイ十三世を産み、後に彼の摂政となりました。しかし、息子に嫌われて追放され、晩年は貧困のうちに亡命先で没しました。

　一五三〇年にカール五世によりアレッサンドロがフィレンツェ公に任命され、フィレンツェは共和国から公国になりました。一五六九年にコジモ一世がトスカーナ大公となり、この地位は世襲となりメディチ家はフィレンツェの「君主」になりました。

　最後の大公ジャン・ガストーネは、自堕落な生活を送り、後継者を残す努力も放棄し、一七三七年、メディチ家は断絶しました。

あなたは誰タイプ？

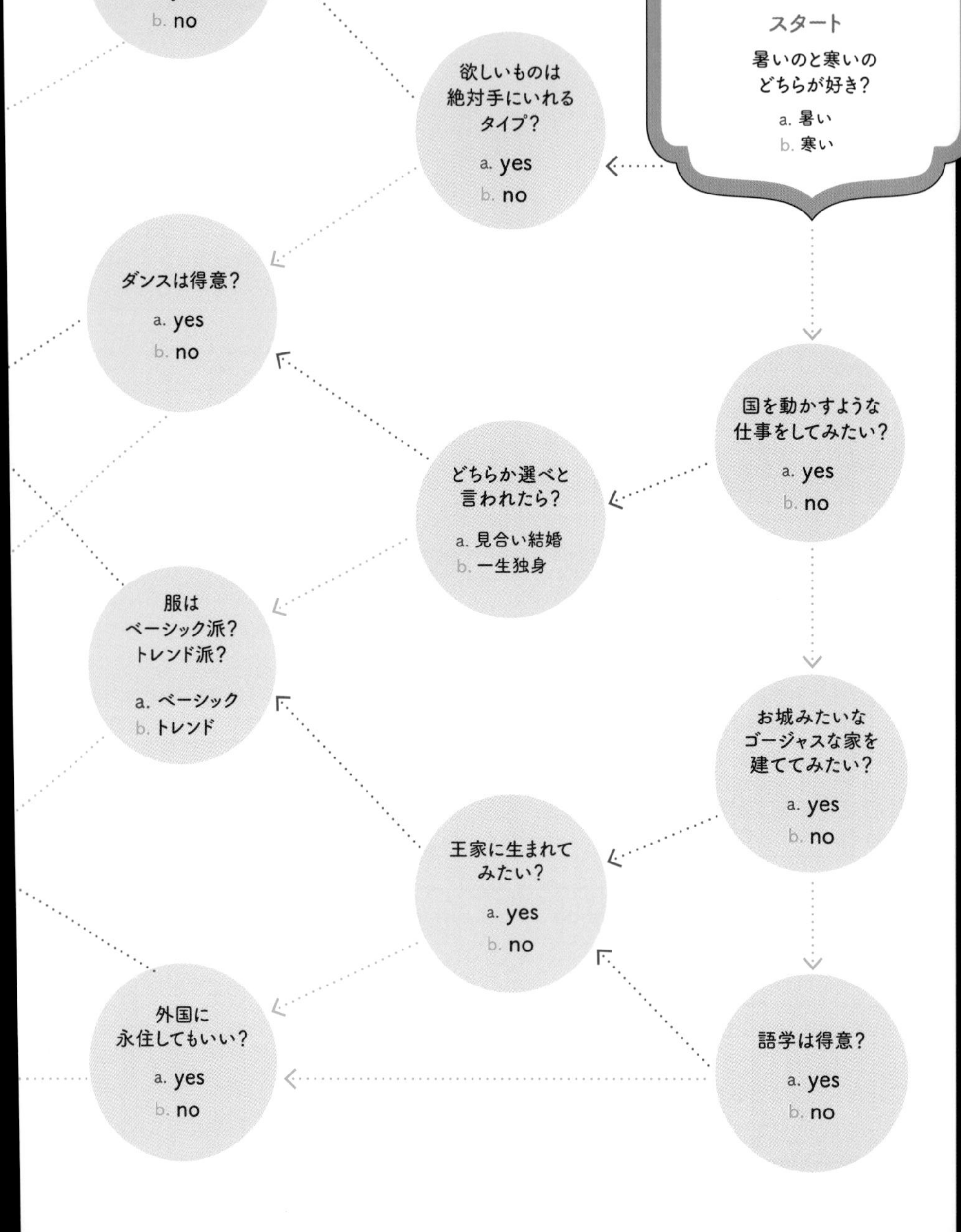
スタート
暑いのと寒いのどちらが好き？
a. 暑い
b. 寒い
欲しいものは絶対手にいれるタイプ？
a. yes
b. no
自分は過小評価されていると感じる？
a. yes
b. no
ダンスは得意？
a. yes
b. no
国を動かすような仕事をしてみたい？
a. yes
b. no
どちらか選べと言われたら？
a. 見合い結婚
b. 一生独身
服はベーシック派？トレンド派？
a. ベーシック
b. トレンド
お城みたいなゴージャスな家を建ててみたい？
a. yes
b. no
王家に生まれてみたい？
a. yes
b. no
外国に永住してもいい？
a. yes
b. no
語学は得意？
a. yes
b. no

機を見る達人

思いがけない大役を任された時、周りが驚くほどの実力を発揮し、その後の歴史に大きな影響を残すかも

ルドルフ1世

夢を叶える力を持っている

自分のやりたいようにするためにそれまでの常識や既存の権力に真っ向から立ち向かい、新たなルールを作り出すパワーがある

ヘンリー8世

信じた道に迷いなし

クラシックを愛し、保守的な趣向の持ち主のあなた。自分の世界観がはっきりしています。ただし周りに押し付けるのはやめましょう

フェリペ2世

類まれな判断力を持つ超人

これと決めたら、決してぶれない鉄の意志を持つあなた。常識を超えた発想力、既得権に怖気付かないタフさは超人レベル

エリザベス1世

この世はあなたのためにある

生まれ持ったスター性でみんなを惹きつけてやまないあなたは、人生を思い通りに謳歌できるでしょう

ルイ14世

才能を武器に世界を渡り歩く

ずば抜けた才能を持ち、厳しい社会を生き抜く力に溢れたあなた。「芸は身を助く」ことを実証し、皆の希望になるでしょう

ヴィジェ＝ルブラン

厳しい運命にも失わない気高さ

人を魅了するカリスマ性を持つあなた。急転直下の出来事が起きても毅然と立ち向かい、皆の尊敬を勝ち得るでしょう

マリー＝アントワネット

人のために行動できる優しき人

必要とあらば自分が最も大切にしているものも手放し、大勢の人のために生きられるあなたの優しさは歴史に刻まれるでしょう

アンリ4世

チャンスは

a. 寝て待つ
b. 自分で作る

長いつきあいの友達が3人はいる？

a. yes
b. no

生まれ変わったら海賊もいいなあ

a. yes
b. no

自分が悪いと思ったら謝れる？

a. yes
b. no

ウィッグ、試してみたい？

a. yes
b. no

芸術的才能はある方？

a. yes
b. no

写真、撮る方が好き？撮られる方が好き？

a. 撮る方
b. 撮られる方

人生の方向性がいきなり変わったことがある

a. yes
b. no

社会の変化に柔軟に対応できるタイプ？

a. yes
b. no

おわりに

今回は本当に大変な執筆作業となりました。私のペース配分機能が壊れ、全ページ全力つめつめの構成となり、かなり重い仕上がりとなりました。

事の発端は気軽な感じだったのです。鬼編参謀・竹下純子氏と近所の本屋を一緒にぶらついていた時、「次、どうしますかねえ？（杉）」「王様とかどうです？ 彼らの有名な絵を扱って、人物や背景について気軽に学べる本（竹）」「お、いいですね。じゃ、それで（杉）」こんなでした。

しかし、始めてみたらそう簡単にはことは進まず……。王様の有名な絵の登場人物について書こうとしても（例えばベラスケスの「王女マルガリータ」）、その人には有名なおじいさんがいたり、お兄さんの代でその家が断絶したりしていて、そのあたりも理解したい。となると、やはり家系図は必要だ、年表もいるな、となり、そもそもこのハプスブルク家ってなに？ 神聖ローマ帝国ってよく聞くけど、実は全然わかってない。このあたりもこの際しっかりわかりたい！ と私の知りたい欲が暴走し始め、その欲のままに作ったらこうなった、というのが本書です。

今回取り上げたハプスブルク、テューダー、ブルボンの三家の複雑な関係は想像以上のものでした。またヨーロッパという大きな社会の中で、共通の問題（例えば「宗教戦争」）があり、各国がたどった経緯、またその問題と対峙した一人一人の王、女王たちのことを知れば知るほど、誰もおろそかにすることができず、絵の解説というより、「王様図鑑」のような本になってしまいました。

全てを知りたくなった、などと言ってもヨーロッパの約四百年の歴史。素人の私が全て網羅できるはずもありません。数々起こった重要な戦争の経緯や決着についてあまり触れていません。民衆の暮らしも描けませんでした。さらには絵画の本と謳《うた》いながら、絵や画家に関するページの割合は決して多くありません。

しかし、王家の人々の辿った人生を、簡単にでも通して知ることで、彼らの絵に出会った時、「ああ、あの人の娘でお見合い写真がわりに制作された絵で、これを描いた画家は雑務に追われ過労死したんだった」などと思い出せれば絵画鑑賞が楽しくなると思うのです。

彼らの物語を描いていて思ったことは、顔に斜線の入った苦労の表情のなんと多いことか。遠い昔の高貴な家柄に生まれた、自分とは無関係な存在に思えていた王家の人々でしたが、彼らもまた普通の人間。同じように悩み、喜び、悲しみ、人を愛したり、憎んだりしながら生きたことを実感することができました。

そうこうするうちに「近代」という社会が登場してきた！ と時間の流れも体感していただけたら幸いです。

今回も野放しにすることで、のびのび作らせてくれた担当編集・竹下純子氏、様々な疑問に答えてくれた歴史学者の夫、そして毎回私の原稿を隅々までチェックしてくれる校閲さんにお礼の言葉を述べさせてください。

参考文献

通史		『世界史用語集』 全国歴史教育研究協議会編 2018年 山川出版社
		『山川 世界史総合図録』 成瀬治他監修 1994年 山川出版社
		『詳説 世界史図録』 木村靖二他監修 2014年 山川出版社
	木村靖二・岸本美緒・小松久男他	『詳説世界史B 改訂版』 2016年 山川出版社
	加藤雅彦	図説『ヨーロッパの王朝』 2005年 河出書房新社
	石井美樹子	図説『ヨーロッパの王妃』 2006年 河出書房新社
	石井美樹子	図説『ヨーロッパ 宮廷の愛人たち』 2010年 河出書房新社
	森田安一	図説『宗教改革』 2010年 河出書房新社
ハプスブルク	江村洋	『中世最後の騎士 皇帝マクシミリアン一世伝』 1987年 中央公論社
	江村洋	『カール5世 ハプスブルク栄光の日々』 2013年 河出書房新社
	立石 博高	『フェリペ2世 スペイン帝国のカトリック王』 2020年 山川出版社
	加藤雅彦	図説『ハプスブルク帝国』 新装版2018年 河出書房新社
	江村洋	『ハプスブルク家』 1990年 講談社
	中野京子	『名画で読み解く ハプスブルク家12の物語』 2008年 光文社
	ヒュー・トレヴァー＝ローパー	『ハプスブルク家と芸術家たち』 1995年 朝日新聞社
	大髙 保二郎・川瀬佑介	『もっと知りたいベラスケス 生涯と作品』 2018年 東京美術
	デューラー	『ネーデルラント旅日記』 2007年 岩波文庫
テューダー	青木道彦	『エリザベスⅠ世 大英帝国の幕開け 』 2000年 講談社
	石井美樹子	『エリザベス 華麗なる孤独』 2009年 中央公論新社
	石井美樹子	図説『エリザベス一世』 2012年 河出書房新社
	石井美樹子	図説『イギリスの王室』 2007年 河出書房新社
	指昭博	図説『イギリスの歴史』 改訂版2015年 河出書房新社
	水井万里子	図説『テューダー朝の歴史』 2011年 河出書房新社
	中野京子	『名画で読み解く イギリス王家12の物語』 2017年 光文社
	トマス・モア	『ユートピア』 1957年 岩波書店
ブルボン	長谷川輝夫	『聖なる王権ブルボン家』2002年 講談社
	長谷川輝夫	図説『ブルボン王朝』2014年 河出書房新社
	佐々木真	図説『フランスの歴史』 2011年 河出書房新社
	佐藤賢一	『ブルボン朝 フランス王朝史3』 2019年 講談社
	中野京子	『名画で読み解く ブルボン王朝12の物語』 2010年 光文社
	シュテファン・ツヴァイク	『マリー・アントワネット上・下』 中野京子訳 2007年 KADOKAWA
	鈴木杜幾子	『画家たちのフランス革命 王党派ヴィジェ＝ルブランと革命派ダヴィッド』 2020年 KADOKAWA
	石井美樹子	『マリー・アントワネットの宮廷画家 ルイーズ・ヴィジェ・ルブランの生涯』 2011年 河出書房新社
	ミシェル・サポリ	『ローズ・ベルタン マリー＝アントワネットのモード大臣』 2012年 白水社
その他	森田義之	『メディチ家』 1999年 講談社
	松本典昭	図説『メディチ家の興亡』 2022年 河出書房新社
	中野京子	『残酷な王と悲しみの王妃』2013年 集英社
	中野京子	『残酷な王と悲しみの王妃2』2019年 集英社
	中野京子	『中野京子と読み解く 名画の謎 陰謀の歴史篇』 2013年 文藝春秋
展覧会カタログ	シャーロット・ボランド	『ロンドン・ナショナル・ポートレートギャラリー所蔵 KING & QUEEN 展 名画で読み解く 英国王室物語』 熊澤弘監修 2020年 フジテレビジョン・東京新聞
	シルヴィア・フェリーノ・パグデン監修	『アルチンボルド展』2017年 国立西洋美術館・NHK・NHK プロモーション・朝日新聞社
	グイド・メスリング他	『クラーナハ展 500年後の誘惑』 2016年 TBS テレビ
	ベルトラン・ロンドー他	『ヴェルサイユ宮殿《監修》マリー・アントワネット展 美術品が語るフランス王妃の真実』 2016年 日本テレビ放送網
美術関連	千足伸行監修	『新西洋美術史』 1999年 西村書店
	H.W. ジャンソン	『美術の歴史』 木村重信・辻成史訳 1980年 創元社
漫画	池田理代子	『ベルサイユのばら 1―5』 1994年 集英社
	池田理代子	『ベルサイユのばら 11 エピソード編 I』 2014年 集英社
	こざき亜衣	『セシルの女王 1―4』 2022-23年 小学館

杉全 美帆子（すぎまた　みほこ）

神奈川県生まれ。女子美術大学絵画科洋画卒業。
広告制作会社、広告代理店でグラフィックデザイナーとして働く。
2002年よりイタリアへ留学。
2008年アカデミア・ディ・フィレンツェを卒業。
著書に『イラストで読む　ルネサンスの巨匠たち』
『イラストで読む　レオナルド・ダ・ヴィンチ』
『イラストで読む　印象派の画家たち』
『イラストで読む　奇想の画家たち』
『イラストで読む　ギリシア神話の神々』
『イラストで読む　旧約聖書の物語と絵画』
『イラストで読む　新約聖書の物語と絵画』（以上河出書房新社刊）

杉全美帆子のイラストで読む美術シリーズ制作日誌
http://sugimatamihoko.cocolog-nifty.com/

装丁・本文デザイン　GRiD
イラスト　杉全美帆子

イラストで読む
ヨーロッパの王家の物語と絵画

2024年4月20日 初版印刷
2024年4月30日 初版発行

著者　杉全美帆子

発行者　小野寺優
発行所　株式会社河出書房新社
〒151-0051 東京都渋谷区千駄ヶ谷2-32-2
電話 03-3404-1201（営業）
03-3404-8611（編集）
https://www.kawade.co.jp/

印刷・製本　三松堂株式会社
Printed in Japan　ISBN978-4-309-25747-1